VOTO
PROPORCIONAL

Novo sistema eleitoral
com representação proporcional
da maioria e das minorias

J. Borély
(1870)

Tradução: Cacildo Marques

Desenho de capa: Cacildo Marques

Episteme-Ed-Butantan

ISBN: **978-1548185398**

"Numa democracia realmente igualitária, todo partido, qualquer que seja ele, será representado em uma proporção não superior, mas idêntica, à que ele é. Uma maioria de eleitores deverá sempre ter uma maioria de representantes; mas uma minoria de eleitores deverá sempre ter uma minoria de representantes."

John Stuart Mill

Traduzido por Cacildo Marques, de:

Nouveau Système Électoral:

Représentation Proportionelle de la majorité e des minorités

Par J. Borély

Paris

GERMER BAILLIÈRE, LIBRAIRE-ÉDITEUR

rue de l'École-de-Médecine, 17

M DCCC LXX

CONTENTS

INTRODUÇÃO

A renovação do Poder Legislativo tem voltado sua atenção sobre nosso sistema eleitoral, e particularmente sobre a questão sempre pendente da *representação das minorias*.

A parte leonina do poder na direção do sufrágio universal; a oposição das cidades,.aniquilada pela adesão, inconsciente talvez, das campanhas; as circunscrições eleitorais já habilmente recortadas, depois de ser postas em ordem numa segunda edição expurgada e corrigida; o número de candidatos oficiais eleitos, sem proporção com o conjunto do escrutínio: todos esses fatos têm produzido no país uma emoção legítima, embora o espetáculo não seja nada inesperado e nada contrário à mais estrita legalidade, - na opinião, ao menos, do Legislativo.

Nas circunscrições onde a luta esteve acirrada, os candidatos venceram por uma pequena maioria; poucos votos decidiram a eleição: 550 em Calvados, 310 em Drôme, 3 na Haute-Saône! Mais três votos, teria havido equilíbrio! Um voto ainda, e aquele voto - ou aquele eleitor - teria nomeado um deputado.

Aqui estão 21.000 votantes, todos eleitores, todos com direitos iguais ante o escrutínio; mas, concluída a contagem dos votos, o escritório declara que encontrou na urna eleitoral:

10.501 cédulas expressando uma vontade soberana e
10.499 pedaços de papel sem valor.

Esta estranha contabilidade irrita profundamente aqueles que são vítimas; e os mais audaciosos protestam na forma ordinária: eles cantam um pouco a Marselhesa, quebram algumas lâmpadas da rua e vão dormir na prisão. Não obstante, o abatimento e a resignação seguem próximos; o império do hábito é tal que se é convencido, sem muita dificuldade, de que, depois de tudo, isso não pode ser de outro modo. A maioria é, em suma, a maioria! O instrumento - uma balança - é o mesmo para todos: pode-se suspeitar do instrumento previsto pelo Estado e apontado pelo Estado, pode-se discutir a balança; mas deve-se aceitar, se não a justiça absoluta, ao menos a necessidade da pesagem.

A lei do número é apenas uma variedade adocicada da lei do

mais forte; atenuação na forma, e mais aparente que real: no entanto esta lei ostenta o rótulo da civilização, e por dura que pareça, é aconselhável respeitar.

Há uma confusão aí.

A ciência dos números não está em questão; a aritmética não tem falhas, mas as várias aplicações que são feitas dela requerem diferentes "cálculos"; ora, para o processo eleitoral, a *regra* não é encontrada.

A regra jurídica é errada, eu tenho provado por alguns exemplos; é bom multiplicá-los.

Um número de 120 eleitores tem de nomear 12 delegados: se a reunião contém 30 descontentes, ou 40 ou 50, a delegação deve expressar um quarto de insatisfação, um terço, ou quase a metade, ou seja, conter em seu seio 3, 4 ou 5 oponentes, conforme o caso. Entretanto, seja qual for o caso, o atual método de votação suprime este protesto e declara todos satisfeitos.

O *modus operandi* é muito simples: há votos, tanto para este, como para aquele; são feitas duas adições, mas é mantida apenas uma, aquela que tem o total maior; quanto à outra, ela não tem nenhuma razão de ser no momento a não ser a de estabelecer a diferença.

Essa reunião de 160 pessoas será a França, se você quiser: em vez de 160 eleitores, contaremos 8 milhões; sem divisão territorial, todo o país é chamado para algo como um plebiscito.

Duas listas estão envolvidas, aquela dos candidatos oficiais e aquela dos candidatos da oposição, cada uma com 292 nomes, número de deputados a serem eleitos.

A França formando um único colégio eleitoral, mas dividido em tendências, partilha seus votos desigualmente.

São 4.400.000 votos dados à lista oficial, 3.600.000 votos à lista de oposição. Qual é o resultado da eleição? Havia 292 deputados a se eleger, 292 deputados oficiais são eleitos.

Assim, 4.400.000 eleitores estão representados, 3.600.000 cédulas são jogadas no cesto!

Eis a regra da maioria como ela é entendida, eis a regra legal.

Formulada assim, sozinha, isolada, identificada, ela teria levantado muitas reclamações; as circunscrições eleitorais foram, portanto, concebidas: substituiu-se a operação condenada por 292 operações similares; somos salvos pela quantidade.

A vantagem relativa desta medida é entendida: as minorias sacrificadas nem sempre sustentam a mesma opinião; não podendo distribuir-se de forma equitativa, tem-se de compensar. Mas a compensação é totalmente aleatória; veremos mais tarde o quanto ela vale.

A regra da adição dupla é falsa, bastando para o momento este ponto alcançado; deve ser encontrada uma outra - uma regra de proporção

Agora, independentemente, por outro lado, do sucesso da investigação, e mesmo que seja assegurada a representação exata das minorias, uma vez que a lei do número não permite à minoria fazer prevalecer suas queixas mais legítimas, uma vez que o escrutínio a condena a protestos vãos, qual é a vantagem da presença das minorias nas assembléias deliberativas?

Pois a minoria reivindica *apenas* o direito.

Não é *um partido* que eu defenda, e muito menos *um partido* que eu ataque: isto é uma lei bem conhecida que eu recordo.

A minoria vigia, ela mantém os princípios, ela controla os gastos; apesar dos exageros inevitáveis, é econômica, é escrupulosa, é justa, e é tudo isso porque ela é a minoria.

A maioria é intolerante e tirânica; aprova o orçamento como bem entende e acrescenta o que quer à sua maneira; faz as leis e as adapta a seu uso, e faz tudo isso porque ela tem todo o poder e porque é a maioria.

Na Inglaterra e na Suécia, os católicos reclamam a liberdade de consciência, absolutamente como os protestantes na França e na Espanha.

Sob a república - mas apenas sob a república - os monarquistas combatem ao extremo pelos direitos inalienáveis da nação, e incluem o *apelo* ao *povo*.

Sob a monarquia, republicanos são defensores apaixonados da liberdade; no poder, eles estabelecem a ditadura.

Os príncipes que podem substituir a auréola do exílio pela coroa do soberano são como as minorias, eles esquecem.

É que o fraco é o defensor interessado da justiça.

A minoria, com uma solenidade às vezes um pouco declamatória, refugia-se no templo da lei, que ela declara inviolável.

A minoria deve pois ter uma tribuna; seu papel é diferente

daquele da maioria, mas ele é igualmente significativo. Se ela não dirige o movimento, ela o modera, ela retifica e ilumina a marcha, mostrando o perigo; se ela nem sempre faz triunfar a lei, ela a afirma, ela a proclama.

A questão da representação das minorias não é nova: ela já foi trazida à Câmara dos Comuns da Inglaterra, ao Parlamento da colônia de Victoria (Austrália), à Assembléia Constituinte do Estado de Nova York. Na Suíça (1), uma sociedade foi constituída com o único propósito de continuar o exame; em França, Inglaterra, América, etc. os estadistas e os principais publicistas (2) aderem ao princípio, reconhecem a importância e solicitam uma resposta. Mas em vez de uma resposta, há vinte, há uma centena; discursos sucedem discursos, folhetos sucedem folhetos e, sempre posta e mal resolvida, a questão continua, de qualquer modo, na ordem do dia.

Eu tento minha vez.

O governo representativo parece ser o tipo definitivamente aceito pelas sociedades modernas; isso é definitivamente um progresso sobre as instituições que o precederam. O Parlamento, nesse sistema, é o mandatário da nação; ele deve reproduzir, em uma justa proporção, as aspirações diversas; ele é, ou deve ser, a redução exata dos eleitores que o nomearam.

Ele é prontamente comparado a um espelho.

Esse é o princípio. Até agora, o fato não tem podido conformar-se.

O espelho é imperfeito; a nação não se reconhece nele, sua imagem é distorcida.

O quadro do cristal é muito estreito, não reflete as minorias, e o corpo eleitoral, mutilado, perde suas proporções e sua fisionomia. Aumentar o cristal, produzir uma pureza impecável, tal é o *desideratum* da ciência política.

O Sr. Stuart Mill o expressa perfeitamente:

"Em uma democracia realmente igualitária", disse ele (3), "todo partido, qualquer que seja ele, será representado em proporção não superior, mas idêntica, à que ele é. Uma maioria dos eleitores deve sempre ter uma maioria de representantes, mas uma minoria de eleitores deve sempre ter uma minoria de representantes. Homem a homem, a minoria deve ser representada tanto quanto a maioria."

Portanto, a questão é a seguinte:

Como assegurar a representação das minorias?

O debate, como eu disse, está aberto por tanto tempo, a questão tem sido tantas vezes e tão claramente explicada, que eu posso, sem muito inconveniente, remover todas as considerações preliminares e colocar *minha* resposta abaixo para a demanda.

Mas, em meu ponto de vista, não basta introduzir as minorias no Parlamento: ainda é necessário, para que o Parlamento seja a representação sincera do país:

1. Tornar impossível a coligação de partidos;
2. Anular a ditadura das comissões eleitorais;
3. Substituir a liberdade do voto pela disciplina.

Este é o complemento essencial do problema.

Descobrir a fórmula, a regra que garante o direito das minorias, é uma das condições, a primeira, sem dúvida, mas as outras têm sua importância.

Um parlamento *nomeado fora das coalizões e das comissões, pela livre iniciativa dos eleitores, em que os partidos se encontrem representados em uma proporção não superior, mas idêntica, à que eles são, de homem para homem*, traduzirá *apenas* de facto o que é hoje uma metáfora, e será realmente o ESPELHO DA NAÇÃO.

Tenho visto anteriormente como, sob a influência das leis atuais ou do sistema já proposto, as coligações são perigosas e ainda assim inevitáveis, como o papel das comissões é excessivo e ainda assim legítimos, como a servidão do eleitor é humilhante e ainda assim obrigatória.

Este exame se fará rapidamente, sumariamente; assumirá que o leitor está ciente da discussão; será como um resultado imediato desta discussão, como uma investigação adicional, uma necessidade para a nitidez de uma demonstração, por vezes, um lado da questão a esclarecer de uma maneira mais vívida: nada mais.

Então eu tenho a intenção - provavelmente ler-se-á a pretensão - de dar a esta grande questão dos direitos das minorias uma solução racional até agora sem sucesso.

Duas palavras para me justificar, porque o que eu escrevi é mais preciso que aquilo que eu gostaria de ler.

Sim, a questão é uma espécie de enigma ante o qual os mais bravos e mais ilustres falharam; e, sem ser tão perigoso quanto o que temos atribuído ao fabuloso monstro de Tebas, ele entretanto mantém para o desconhecido a terrível alternativa: adivinhar ou morrer - uma vez que o ridículo mata. Querer jogar nesta ocasião o papel de Édipo parece, de fato, bastante presunçoso; mas aqui está minha desculpa:

A solução do problema, tomado em todo o seu rigor, não requer ciência, nem cálculo, nem sutileza; o crédito é nulo, absolutamente nulo; porque a solução é de uma tal simplicidade que tem escapado àqueles que me precederam... por sua pura simplicidade!

(1) Associação Reformista de Genebra.

(2) Srs. Stuart Mill, Thomas Hare, Lord Cairns, Fawcet, L. White. Ed Laboulaye, Prevost-Paradol, Em. de Girardin, etc., etc. (Cito alguns nomes aleatoriamente entre mil).

(3) *O Governo Representativo.*

PRIMEIRA PARTE

ESTADO DA QUESTÃO

I

Deixo, sem examinar a origem e o valor, a torrente democrática que, sob o nome de sufrágio universal, rosna como uma ameaça e parece conduzir as pessoas, as quais vão lá voluntariamente ou empurradas pelos governos (e eu inclino-me para esta última versão). As ondas populares de eleitores invadiram a Inglaterra, e inundaram a França: sem uma barragem provável, elas desaguarão sobre toda a Europa.

O sufrágio universal é, de resto, para mim, uma questão de oportunidade, não de princípio; cada povo deve tê-lo em sua hora. Um mapa estatístico da instrução classificaria apropriadamente as nações em termos de direitos políticos. Esse mapa foi feito para a Europa, não para este fim; mas a cor marrom, que caiu para a França, não lhe valeria teoricamente, lamento constatar, o preço da capacidade que foi legada a ela do entusiasmo de 1848.

Segundo aqueles que são nomeados pelo sufrágio universal ou por um sufrágio restrito, as assembléias eletivas têm um caráter ou mais democrático ou mais conservador; mas a questão pendente não muda, as minorias são sempre inexoravelmente excluídas.

Essa exclusão pode atingir proporções consideráveis.

"Suponhamos", disse ainda Stuart Mill, "que em um país governado pelo sufrágio universal há uma eleição contestada em cada colégio eleitoral, e que em cada escrutínio uma pequena maioria obtém vitórias eleitorais: o Parlamento assim formado representa um pouco mais que a maioria simples da nação".

Maioria simples? não mesmo. Os eleitores que a compõem, que sofrem sob o jugo das comissões, não poderiam chegar a um acordo necessário senão pelo compromisso que altera o significado do voto e até o desnatura. Nós, portanto, temos de lidar unicamente com uma maioria da maioria, ou, o que é pior e mais frequente, uma minoria da maioria, quando esta, passiva, quase indiferente, permite que se imponha um candidato.

Portanto, esta situação é possível: uma nação, por exemplo, com maioria liberal e um Parlamento totalmente retrógrado; uma nação dividida, mas em grande parte descontente, e um Parlamento unanimemente satisfeito; e este Parlamento, mandatário do sufrágio universal, dizendo, ele também, sem se perturbar com a reminiscência: *O Estado sou eu*!

Sem dúvida, um pressuposto semelhante dificilmente se realizaria. Um partido derrotado, em um colégio, por uma centena de votos, pode triunfar em outros lugares por uma centena de votos igualmente; a multiplicidade dos colégios iguala parcialmente as chances, e de todas essas injustiças combinadas um resultado quase geral talvez apareça.

Basta a um governo, qualquer que seja, ter consultado a nação e ganhado a maioria talvez real? Evidentemente, não.

Vejamos!.Uma grande questão está em jogo: o tratado comercial com a Inglaterra, a guerra com a Alemanha, a intervenção em Roma, isso de que eles gostam. O Legislativo, depois de um debate acalorado, formula um desejo, vota uma ordem do dia; o famoso *jamais* do Sr. Rouher, por exemplo.

Se o órgão legislativo representa exatamente a nação, a conduta a seguir é bem simples: a França é, acima de tudo, católica; nossos soldados devem manter Roma.

Mas se os deputados (será necessário indicar que esta suposição é puramente gratuita?), se os deputados são o produto de uma combinação artificial; se a pressão administrativa, se a supressão das minorias, se diferentes causas alteraram as manifestações eleitorais; se a França é antes de tudo liberal; menos que isso, se há dúvida somente, dúvida para o governo, dúvida para o país, que luz traz o *quase* escoltado do equívoco *talvez*?

Assim, a consequência desta situação é estranha. Há a opinião conhecida da Câmara e a opinião presumida do país; não é sempre a mesma coisa. Não se sabe nada, também. Na sessão que me serve de exemplo, o ministro acentuou o desejo quase unânime da Câmara; a Câmara, radiosa, aplaudiu o ministro. Tudo foi explicado, arranjado, acordado; uma ínfima minoria protestou... E no entanto o *jamais* que parecia uma resposta, é sempre *uma questão*!

Se a maioria não tem de considerar as pretensões de um grupo insignificante, perdido no Legislativo e no país, ela tem o dever de ouvir uma minoria que ela supõe numerosa. Escutar é preparar-se para fazer concessões; apenas para que essas concessões sejam feitas, é necessário que a maioria e a minoria não coloquem mais em questão seu domínio, a inferioridade numérica do outro, tendo ambas sua importância real: é necessário que estas qualificações de maioria e minoria, sempre contestadas, tornem-se mais claras por suas cifras inquestionáveis e sejam resumidas num total.

Mas esse total só será alcançado quando cada *unidade* tiver um valor normal, isto é, quando cada deputado representar um número igual de eleitores, e todos os eleitores forem representados.

II

Os vícios inerentes à máquina eleitoral, uma vez notificados, os fabricantes estão a trabalhar, principalmente na Inglaterra e na França. Muitos projetos, incluindo alguns muito notáveis, foram apresentados. Até agora, no entanto, as condições das especificações não foram rigorosamente cumpridas.

Eu não tenho de considerar esses projetos, mesmo brevemente; outros já o fizeram, e melhor do que aquilo que eu teria feito. Cada inventor, à medida que acontece, dá essa lista, fornece o inventário e assinala os valores falhos, o que inclui tudo o que se propôs antes. Eu tratarei apenas dos ativos reais, isto é, dos dois dispositivos menos imperfeitos, ambos de origem inglesa: uma teoria conhecida, a outra já em funcionamento.

Sistema do Sr. Hare (1)

Este sistema, favoravelmente acolhido por um número considerável de eminentes publicistas, simplificado pelo Sr. Fawcett (2), alterado pela Associação Reformista de Genebra, adotada enfim pelo Sr. Stuart Mill, que coloca "este plano como um dos maiores progressos já feitos até agora na teoria e na prática do governo" merece a todos os títulos um exame especial.

Eu tomo emprestada a descrição do Sr. Stuart Mill:

"No âmbito deste plano, a unidade representativa, isto é, a percentagem de eleitores tendo direito a um representante seria determinado pelo processo ordinário que é utilizado para obter médias, com o número de eleitores sendo dividido pelo número de cadeiras na Câmara.

"Qualquer candidato que obtiver essa proporção será eleito representante, mesmo que essa proporção seja composta de votos espalhados aqui e ali num grande número de colégios eleitorais. Os votos serão, como no presente, dados localmente; mas todo eleitor é livre para votar em qualquer candidato em qualquer parte do país que este candidato tenha sido apresentado. Assim, os eleitores que não queiram ser representados por nenhum dos candidatos locais podem ajudar com seu voto a nomeação da pessoa que mais os agrade entre todos aqueles que, em todo o país, foram postos a concorrer. Desse modo serão trazidos à realidade os direitos eleitorais da minoria, que, de outra forma, é praticamente despojada; mas é importante que não somente aqueles que se recusem a votar em candidatos locais, mas também aqueles que votarem neles e que tenham sido derrotados, possam achar alhures a representação que eles não conseguiram obter em seu próprio distrito. É por isso que se pensou em colocar diante de cada eleitor uma lista de votação contendo vários nomes, entre os quais o de seu candidato favorito. O voto de um eleitor só serve a.um candidato; mas se o objeto de sua primeira escolha falhou em sua tentativa fracassada de obter a porcentagem, o segundo poderá estar mais feliz.

"O eleitor poderia incluir na lista mais nomes na ordem de sua preferência; de modo que se os nomes que estão no topo da lista não estão obtendo a proporção ou a obtém sem seu voto, o voto ainda poderia ser empregado em benefício de alguém cuja nomeação será ajudada. A fim de obter o número de membros requerido para completar a Câmara, e também a fim de evitar que candidatos muito populares absorvam quase todos os sufrágios, para qualquer número de votos que um candidato possa obter, não se computa mais do que seria a quota necessária para sua nomeação; os outros eleitores que votarem nele contam seus votos para a primeira pessoa, em suas respectivas listas, que necessite e que possa, com essa ajuda, completar sua proporção.

"Para determinar, entre todos os votos para um candidato, quais serão usados em sua nomeação e quais serão dados.a outros, foram propostos vários métodos, que não vamos discutir aqui. Naturalmente, um candidato guardará os votos de todos aqueles que não querem ser representados por outro, e, para o resto, um sorteio será um expediente muito aceitável, se não o melhor.

"As listas de votação serão submetidas a um escritório central, onde os votos serão contados e listados, hierarquizados como primeiro, segundo, terceiro, etc.; a proporção será atribuída aos candidatos que a possam perfazer, até que a Câmara esteja completa, sendo os primeiros votos preferidos aos segundos, os segundos aos terceiros, e assim por diante. As listas de votação e de todos os elementos de cômputo serão colocadas em repositórios públicos acessíveis a todos os interessados, e, se alguém, tendo obtido a proporção exigida, não tenha sido nomeado, como era seu direito, será fácil para este provar a coisa."

Apesar da clareza da exposição, o que impressiona primeiro neste sistema é sua complicação excessiva.

Nesse vaivém de boletins e cifras, não há um candidato derrotado, isto é, um homem pessoalmente interessado, que possa perder um tempo muito longo a controlar uma operação que permanece misteriosa para o país.

Essa máquina de boletins, com suas numerosas engrenagens, essas listas passando através de uma interminável fieira, essa extração sem fim, essa pilha assustadora de nomes inúteis ultrapassando a cifra legal e que deve ser sacrificada, esse boletim descendente de candidato em candidato, e a cada vez decapitado um nome até aquele em que ele encontre uma combinação na qual ele possa entrar; tudo isso escapa da condição primeira: a simplicidade, a clareza, o controle público. - A contagem do escrutínio deve dar, sem esforço e com evidência, o resultado da luta.

Eu não sei se, no momento em que escrevo, tem-se encontrado o método para limitar e reduzir à proporção eletiva o número de votos obtidos por um candidato; pois a extração por sorteio - peço desculpas a Mr. Stuart Mill - não é nem mesmo um expediente razoável; mas o grave defeito desse sistema, defeito que persiste, apesar da engenhosa argumentação de seu defensor, é o de permitir o acesso ao Parlamento apenas aos notáveis.

A dificuldade já é muito grande, sob o regime atual, de se fazer aceitar pelos eleitores um homem de mérito inquestionável, mas situado muito perto deles, ou seja, vivendo na mesma cidade, no mesmo município, no mesmo departamento. - Ao contrário das leis da óptica, a distância engrandece o candidato.

O eleitor pode trazer um candidato local; este nome, eu bem o desejo, será o primeiro inscrito em sua lista; mas o segundo certamente designará o homem ilustre, cujo livro ou cujo discurso resume sua opinião da maneira mais brilhante - uma celebridade. - A lista de preferência será, a partir deste segundo nome, uma espécie de jogo descendente, em que cada nota expressará uma admiração cada vez mais fraca.

É fácil prever os resultados desse sistema de votação - oradores, historiadores, poetas, romancistas, etc, aqueles que usam a espada, especialmente aqueles que seguram a caneta, invadirão o Parlamento, transformado em galeria dos grandes homens.

Quanto às preferências locais, incapazes de se agrupar e enfraquecidos pela dispersão, eles não terão êxito, a menos que empreguem os processos já condenados, as ligas eleitorais, as comissões; a menos que façam apelo à disciplina e reconstruam o que foi revertido.

Eu entendo, a rigor, o senado francês assim formado - e ainda pode ser melhor! - Mas eu não posso ver lá os enviados especiais do país, os homens políticos representando os partidos e os interesses diversos. Estando ausente o elemento local, esta Assembleia não reproduzirá, em algum grau de temperamento, a vontade, a energia, a rudeza dos Corpos eleitorais: tagarela, brilhante, letrado, acadêmico, literário, seria uma Academia, em vez de um Parlamento.

(1) Tratado sobre a eleição dos representantes.
(2) O Projeto de reforma de Mr. Hare simplificado e explicado.

III

O novo sistema que a constituição inglesa acaba de incorporar é recomendado, ao contrário, pela sua simplicidade.

Em cada colégio eleitoral que nomeia três deputados, cada eleitor tem apenas dois votos.

E isso é tudo.

Assim, enquanto a minoria for inteligente *e disciplinada* e reunir a terça parte dos eleitores, ela pode conseguir a nomeação de um candidato.

Infelizmente, isso é apenas uma reforma parcial, aplicando-se apenas a cidades ou municípios com 3, 6 ou 9 deputados a serem eleitos; pois a parte da minoria é sempre a mesma: um terço, qualquer que seja sua importância.

O Sr. James Gortz desenvolveu e aperfeiçoou essa ideia, que permite implementar o sistema em todos os colégios eleitorais. Cada eleitor disporá de tantos votos quantos sejam os deputados a serem eleitos em sua circunscrição, e será livre para juntar como ele queira um ou mais nomes.

Esse plano, diz o Sr. Stuart Mill, embora seja certamente melhor do que nada, é apenas um paliativo.

O Sr. Prévost-Paradol diz, contrariamente, que isso satisfaz tanto a justiça, como a razão e o interesse público (1). Esta satisfação iria além da medida, se ela acrescentasse um pouco mais longe que esse sistema se aproxima da justiça exata mais que qualquer outro.

Menos desdenhoso que o Sr. Stuart Mill e menos entusiasta que o Sr. Prévost-Paradol, reconheço que o sistema de *votos acumulados* é uma feliz atenuação dos direitos excessivos das minorias; - eu não vou além.

A arma colocada nas mãos das minorias será difícil de.manusear. - Até que ponto o eleitor distribuirá seus votos?

Quem fará o cômputo ante o escrutínio? A comissão provavelmente. - Onde encontrar os elementos de cálculo? No último voto proferido? Mas, entre duas épocas às vezes afastadas, há tantos eventos e novos eleitores!

É nestas condições adversas que uma comissão deverá trabalhar! Um dos termos da divisão faltará, e ele liberará o quociente! - Isso exigirá do eleitor uma obediência cega, única garantia de sucesso, e a cédula, esta *evidência* que virá tarde demais, declarará talvez falsa uma operação impossível de ser retificada.

Um duplo exemplo: há numa circunscrição 6 deputados a nomear; a comissão liberal estima que não serão obtidos mais que 2. Ela reúne os votos em dois nomes: o escrutínio apurado mostra que ele poderá obter 3. Revertamos a proposição: ele julgou que haveria 3; e dispersando os votos em três nomes, nenhum saiu vitorioso. Em ambos os casos, pela sequência de uma estimativa errada, na perda de uma ou de várias nomeações, o direito da minoria foi sacrificado.

O sucesso então dependerá menos do número, da verdadeira força de um partido, que de sua capacidade, ou melhor, da chance, de ter realizado suas previsões. A urna eleitoral se converterá em uma caixa de surpresa.

Sem a apuração prévia (quem ousaria demandar uma medida tão simples quanto racional?), haveria uma partida ganha por um lance de dados.

Feitas estas reservas, é certo que, em muitos casos, este sistema de *votos acumulados* teria uma grande vantagem sobre o sistema atual; se não é o melhor, como disse o Sr. Stuart Mill, ele seria um expediente muito desejável.

Enquanto as minorias não forem absolutamente representadas, enquanto um pequeno grupo de delegados sem mandato distribuir soberanamente as candidaturas, enquanto os eleitores tiverem de obedecer às comissões, enquanto o pessoal, por numeroso que seja, das reuniões públicas ou privadas não tiver de levar em conta as ausências, enquanto a liberdade de voto não for substituída pela disciplina, haverá justiça, razão, interesse público, bem como o horizonte, *de que se pode aproximar também*, mas QUE se distancia da medida.

(1) França Nova

IV

Embora o sistema eleitoral que eu me proponho a expor seja de interesse geral e aplicável em todos os países, eu não conduzirei o leitor do Parlamento inglês às Cortes espanholas, do Reichstag prussiano ao Keichsrath austríaco. Em vez de fatigá-lo fazendo-o viajar, sem grande necessidade, de Londres a Madrid e de Berlim a Viena, é mais fácil escolher uma nação como estudo e aí se manter. Uma vez que estamos na França, permaneçamos nela. É neste ambiente, mais familiar para o leitor, que eu tomarei meus exemplos, e é também na França que eu assumirei a realização do novo sistema.

Se é verdade, importa pouco que seja vestida à francesa: ela fará seu caminho. Passando as fronteiras, ela apenas mudará de costume e de nome, e, independentemente de sua origem, será adotada pelas nacionalidades onde seja introduzida.

Feita esta explicação, consideremos estas duas engrenagens, às vezes viciosas e necessárias, que operam em todos os sistemas e prejudicam a equidade das eleições: as coligações e as comissões.

Vamos primeiramente às coligações.

Elas têm, naturalmente, seus apoiadores e seus adversários, e os mesmos homens, enquanto estejam no poder ou na oposição, são, um após outro, adversários e partidários das coligações; um após outro, eles se acusam e se desculpam. No meu ponto de vista, adversários e partidários estão igualmente errados e estão igualmente certos.

Sem dúvida, é estranho ver marchar silenciosamente, lado a lado, sob uma bandeira velada, legitimistas e republicanos, clérigos e livres-pensadores, soldados de diversos aspectos, unidos por um ódio comum. - Assim, a vitória nunca é mais que uma trégua, porque ela tem como efeito imediato a desorganização da coligação triunfante e a formação de uma coalizão nova.

É, portanto, um combate sem rumo, sem piedade, um combate sem fim, entre três partidos, dois dos quais, quaisquer que sejam, serão sempre unidos contra o terceiro, qualquer que seja ele!

Sob este ponto de vista, coligação é imoral, perigosa, e deve ser rejeitada pelas pessoas honestas. No dicionário político, a qualificação de pessoas honestas é empregada por homens de um partido para designar os membros desse mesmo partido.- Isto significa, um pelo outro, monarquista, liberal, republicano, etc. A opinião daquele que usa ou abusa deste termo dá o significado. - A minha é tomada no dicionário da Academia.

Mas as condições da luta são tais que os adversários não têm a escolha dos meios; a absorção das minorias coloca esta imperiosa alternativa: ou a união, ou seja, o sucesso; ou a dispersão de forças, isto é, a derrota certa.

Ser ou não ser, eis a questão. Hamlet certamente não estava pensando na questão eleitoral; mas ele formulou a desculpa das minorias. Além disso, embora as coligações sejam perigosas e imorais, elas devem, no entanto, ocorrer - elas estão na situação.

Elas estão na situação; o que é a prova de que elas são formadas, apesar de toda a repugnância e de todas as antipatias!

Não é por leveza de coração, não é sem revolta interna que se coloca, mesmo por um momento, a mão na mão de um adversário, porque se toma esse companheiro de armas em suspeição, e não se o ajuda a vencer senão como antecipação de sua queda iminente.

Se os eleitores católicos, em minoria num colégio eleitoral, puderem nomear um candidato católico, eles não pensarão em eleger o candidato liberal, e os eleitores liberais não agirão de outra forma se os papéis estiverem invertidos.

O que acontecerá lá, então, sempre que um partido puder se passar sem auxiliares?

Ele rejeita a coligação *virtuosamente*; ele não quer nem ouvir falar dela; ele tem suas convicções, seus princípios, seu programa: uma proposta de aliança é recebida como um insulto.

O candidato apoiado por dois ou mais partidos é limitado sob o título equivocado de independente; ele se deleita na penumbra e nas insinuações, enquanto o candidato fortemente apoiado por seus correligionários políticos acentua, sublinha e procura a luz; ele não é apenas independente, mas também, e sobretudo, católico, democrata ou radical - conforme o caso; - é ele, por inteiro, com sua bandeira desdobrada!

Então, o único meio eficaz de fazer as coligações impossíveis é fazer possível a eleição de um candidato católico pelos católicos, a eleição de um candidato democrata pelos democratas, etc. É a adoção de um sistema que permite o acesso das minorias ao Parlamento.

A coligação, de fato, expulsa das eleições, entrará no Legislativo: O que importa? Ela perderá necessariamente sua natureza solvente; ela se transformará: em vez de coligação, será a fusão; em vez de aliança apaixonada para abater um inimigo comum, será a aliança racional para o sucesso de uma idéia comum.

Os deputados nomeados por meu sistema, será dito, não valerão naturalmente nem mais nem menos que seus antecessores. A questão não é esta! Eles estarão intimamente vinculados a seus eleitores, através de seu mandato (isto se verá pela exposição do sistema), e estando todas as minorias representadas, toda a França, por conseguinte imprimindo o movimento àqueles que alguns ainda chamam a carruagem do Estado, não estará prioritariamente preocupada com os solavancos inevitáveis na estrada.

V

Sendo a disciplina eleitoral a condição *sine qua non* do

sucesso, a importância e a autoridade das comissões são perfeitamente justificadas; no entanto esse poder exorbitante, confiado de uma forma bastante arbitrária a alguns eleitores transformados pelas circunstâncias em delegados, tem sido considerado, com razão, como uma genuína abdicação.

"O sufrágio universal", disse Garnier-Pagès em sua *História da Revolução de 1848*, "mostrou-se falho desde sua origem; ele cai, de fato, nas mãos das comissões diretoras ou entre as autoridades."

E Lamennais! - A avaliação é mais veemente:

"Sois ou não sois livres? Sois ou não sois homens? Na primeira vez em que exercitais vosso direito político, cercam-vos de autoridades, põem-vos em mãos uma lista que não tendes discutido nem mesmo lido, e dizem-vos imperativamente: Lançai-a na urna!"

A crítica é merecida; o que me confunde é que ela se reporta unicamente ao escrutínio de lista aberta.

Eu tenho de escrever um ou mais nomes em minha cédula eleitoral, a comissão pondera sobre minha determinação, e, se eu tiver apenas um nome a sustentar, o estresse é mais desagradável.

Com o voto em lista, de nove ou dez nomes, por exemplo, eu encontro alguns que eu aceito completamente e, em todo caso, estou satisfeito pelo significado político do conjunto, o que motiva meu voto; quando com o voto individual minha adesão é mais precisa, é pessoal; minha afirmação pode exceder em muito minha intenção. - Aquele deputado que não é dado a mim escolher, que a comissão escolheu para mim, converte-se, queira eu ou não, em expressão absoluta, viva, de minha opinião: - ele sou eu!

Os inconvenientes do sistema de votação em lista, que eu não nego, trazem mais acusados talvez que com o voto individual. Em ambos os sistemas constata-se a tirania das comissões, a servidão do eleitor, a restrição moral, a falta de liberdade, sempre e em todo lugar o sacrifício das minorias.

A comissão não é a maior culpada: ela obedece, ela mesma, a uma lei imperiosa, a necessidade. Seguido por um punhado de bravos cidadãos, ela remove e ocupa uma posição de autoridade que nem sequer sonha em disputar. Se há necessidade de uma direção pelo voto universal, a comissão a toma; mas esses bravos cidadãos, como eu os chamo, ou esses delegados, como eles preferem chamar-se, formam uma vanguarda sem afinidade apreciável e sem ligação séria com o exército eleitoral.

E o que eu digo das comissões se aplica às reuniões públicas ou privadas: aqueles que temem tumulto, aqueles que pensam que um candidato não revela o ponto no tempo e num discurso, aqueles que desconfiam do treinamento da fala, esses não se encontram; sozinhos, os impacientes, os *irreconciliáveis*, e que vêm em multidões, e sozinhos também os oradores que juntam ao radicalismo das ideias a veemência da linguagem podem ocupar a tribuna; a moderação, mesmo na forma, é um título ao ostracismo. O quadro é ampliado, a imagem é a mesma.

O que quer que se pense de nossas eleições mais recentes, e sem querer diminuir seu alcance, a grande maioria do país, deve-se dizer, ocupa-se de política muito acessoriamente, em seu tempo livre, e excepcionalmente, a cada seis anos, na semana que precede a votação: é um erro, infelizmente é um fato. Todos os comerciantes, operários, capitalistas, agricultores, etc., estão sem dúvida interessados nos assuntos de Estado, apesar de não os considerar como seus próprios assuntos. Eles pertencem a um partido; ao mesmo tempo, eles são capazes de um esforço louvável, um sacrifício limitado; mas esse concurso é morno, medido, circunspecto. O relevo das moedas cunhadas em 1830 continha seu programa em dois artigos, *Liberdade, Ordem Pública*; só que eles não eram classificados na ordem de sua preferência.

Nessa massa tranquila agitam-se o olho em fogo, o discurso inflamado, os homens políticos. Estes, como os outros, são ou podem ser comerciantes, capitalistas, etc., mas cidadãos em primeiro lugar. Como os outros, eles têm famílias, mas eles preferem a humanidade; como os outros, eles têm uma posição social, interesses privados, uma casa; mas posição, família e interesses estão sempre prontos, mesmo sem necessidade, a tudo depositar no altar da Pátria!

Certamente eu me orgulho dos fervorosos soldados da democracia e da legitimidade, dos defensores do livre pensamento e da ortodoxia religiosa, sem inquirir se pequenas pedras, pequenos ódios e pequenas ambições entram na bagagem do exército. Este ponto de vista crítico é irrelevante para mim: é-me suficiente constatar a existência dessas duas forças, uma ativa, a outra passiva, de saber como elas se comportam no momento das eleições.

O drama eleitoral, ou a comédia eleitoral - os gêneros são

misturados - tem esta particularidade, que carece de exposição: ele começa com a intriga. Quanto ao desenlace, ele é muitas vezes inesperado; eis aqui a prestação de contas:

O local da ação é irrelevante; a ação é a mesma em todo lugar.

Uma notícia totalmente inesperada se propaga certa manhã em uma cidade; - coloque o nome que quiser: a população fica sabendo que, na véspera, os delegados nomearam uma comissão. Espanto geral.- Quem nomeou esses delegados? Um parece sorrir, um interroga. A lista dos membros da comissão passa de mão em mão. Não se suspeitava da existência deste; aquele é muito diferente, sua nulidade é de conhecimento público; se o terceiro nome é bem-vindo, o quarto causa um ataque de risos.

O protesto do senso comum, ou o contraste da zombaria, ambos se enfraquecem, no entanto, gradualmente: acostuma-se com o que quase parecia uma enormidade, e chega o dia da votação... deposita-se melancolicamente em uma caixa que leva nome de urna a cédula eleitoral que a comissão fez distribuir! E eu não acuso esse estado de coisas, repito, nem os eleitores, nem as comissões, nem os candidatos.

Os *moderados*, os *pálidos* e os *mornos, deixando fazer* ("*laissent faire*"), é natural que os radicais também o *façam*. Alguns nunca estão decididos a caminhar; outros estão sempre dispostos a correr. A chance é toda para estes últimos; eles podem tombar, mas só desse modo eles podem chegar.

No entanto, os êxitos destas candidaturas arrebatadas de entusiasmo são raros, e isso é compreensível: na presença de candidatos que não são seus, o grande partido (grande, aqui, não se traduz por corajoso ou magnânimo, significando apenas extenso, vasto, numeroso), o grande partido calidamente liberal perde sua coesão: uma fração sofre a influência das comissões; outra, aterrorizada, apoia o candidato oficial; outra, ainda, abstém-se (1).

O único resultado que eu quero tirar do exposto acima é que a contagem dos votos não dá, nem exatamente nem por aproximação, nem mesmo remotamente, o estado da opinião pública; e, aliás, como todos os pontos de vista, a independência do eleitor, a seleção dos candidatos, etc., têm paridade perfeita entre o voto em lista e o escrutínio individual.

Eu uso o sistema de lista; sua reabilitação é, contudo, bastante desinteressada de minha parte, porque, em meu sistema, os eleitores conservam sua liberdade plena e inteira. Eu digo *plena e inteira*, e insisto. O papel da comissão é muito reduzido; torna-se o que deveria ser, um simples escritório de consulta, nada mais; e a comissão limita-se apenas a sua influência modesta e legítima, não porque seja mais esclarecida ou melhor escolhida, mas por necessidade, porque o sucesso não mais depende da disciplina.

(1) A abstenção chega, em nossas lutas políticas, a proporções tão consideráveis que não pode ser motivada exclusivamente por indiferença e por impedimento (doença, ausência, etc.); deve ser juntada, para a maior parte, a impossibilidade de o eleitor frequentemente depositar o voto a uma só vez *útil* e em conformidade com sua opinião.

Em 1863, o número de eleitores inscritos

foi de..................................	9,975,615
e o de abstenções, de......	2,692,781
	isto é, 29%

Em 1869 (primeira rodada de votação, 24 de maio),

eleitores inscritos..............	10,315,523
abstenções........................	2,216,958
	isto é, 22%

VI

Após o lançamento das comissões, não é justo comparar as candidaturas oficiais, embora estas, estranhas ao meu assunto, não possam, de modo algum, ser incluídas no movimento eleitoral.

A ingerência interposta pela administração ao legítimo trabalho das comissões é erroneamente assimilada. As comissões são eleitas mais ou menos regularmente, eu tenho dito; no entanto, não cabe ao governo levantar a objeção. O direito de reunião é acompanhado de obrigações tão numerosas, tão mesquinhas, tão delicadas, de uma tibieza tão excessiva, que se corre o risco de negligenciar alguns. Os principais são conhecidos: um local que não seja suspeito, cartas-convite que não sejam suspeitas, e sobretudo convidados que não sejam suspeitos. Tomadas estas precauções, resta a apreciação do comissário de polícia.

Adiando assim para tempos melhores a verificação dos poderes das comissões, eu volto à distinção que eu ia fazer.

Embora em um nível fraco - é assim convencionado - a

comissão representa, no entanto, os eleitores; a administração não representa mais que o governo.

Qualquer que seja sua composição, a comissão é obrigada, em termos de sucesso, a levar um pouco em consideração o parecer da circunscrição à qual pertence: ela faz e refaz seus cálculos, ela estabelece as médias. A prefeitura não tem essas preocupações: sem complicar seu trabalho por questões ociosas de princípio, ela procura um homem - com sua lanterna administrativa. - Encontrado o homem, ela lhe dá a maioria, assim como a remove dele se ela muda de idéia; e aquele que repele, mesmo no último momento, reconhece tanto sua insuficiência pessoal que não tem sequer a idéia de manter sua candidatura.

Os princípios do *self-government* (auto-governo) são tão contrários a nossos hábitos, têm penetrado tão pouco o espírito público, que, seja por desânimo, seja por desamparo, somos todos de fáceis acomodações e transações; e eu concordo - até certo ponto - com as candidaturas acordadas e patrocinadas, como tais; a Restauração e o Governo de Julho tiveram as suas, a República tem as suas. Outras são as candidaturas oficiais; elas foram inauguradas, é verdade, como um progresso, como uma novidade, e é justo dizer que elas não remontam a Júlio César e a Augusto (1).

Confundem-se todavia, especialmente nas discussões no âmbito do Poder Legislativo (onde se compara, em cada sessão, as circulares republicanas às recomendações municipais), as candidaturas oficiais e as candidaturas acordadas, e ninguém, que eu saiba, tem ainda caracterizado claramente a diferença radical entre umas e outras.

Os papéis são invertidos, no entanto - aqui são os eleitores que escolhem o candidato e a administração é que aceita; lá, pelo contrário, o candidato é escolhido pela administração e aceito pelos eleitores!

Esta é a inversão dos papéis, e é também a reversão de todas as idéias recebidas.

Os candidatos acordados, apesar do apoio da administração, mantêm, acima de tudo, seu mandato dos eleitores; os candidatos oficiais, apesar do voto dos eleitores, devem, acima de tudo, seu mandato à administração.

Não há nada de mais contrário à prática justa do sufrágio

universal que essa designação arbitrária, nada mais desdenhoso que o gesto da prefeitura que designa um homem entre milhares, faz um vácuo em torno dele, destaca-o e sagra-o candidato!

Temos visto isso:

Um candidato sem notoriedade, estranho ao departamento, desconhecido em sua circunscrição e nomeado por uma maioria esmagadora!

Alguns escritores - em artigos assinados! - têm admirado essa confiança ilimitada, essa abdicação patriótica; para mim, o simples anúncio do fato é a crítica mais sangrenta ao sistema.

Essas candidaturas artificiais ocorrem no estado de exceção, dir-se-á: elas são de grande esforço. Que importa? Elas não testificam menos a energia muscular de quem levanta os boletins - e se elas foram executadas para o benefício de poucos, elas podem ter ajudado o sucesso de todos.

Sem dúvida, os deputados oficiais não têm alienado sua independência; mas por aqueles que assumiram o estado de exceção, o *favor* do governo *faz*, indiscutivelmente, *sua glória e seu poder virem dele*. Ou é suficiente que um prefeito seja suspeito de explicar, na intimidade, como Augusto com Cina, que a consciência pública exige que os candidatos oficiais sejam *abandonados a seus próprios méritos*.

A independência e a dedicação se ajustam como as duas metades de uma mesma moeda, eu não contradigo este ponto; e se essa independência fosse ameaçada, elas fariam seu dever até o fim e até o último - eles seriam postos à morte... oficialmente. Pois bem; apenas é imprudente ter uma opinião tão elevada da humanidade, acreditar que o heroísmo é uma virtude comum; - eu entendo isso comum a todos os deputados.

Aliás, não há como escapar deste dilema: ou o que escolheu a administração terá sido escolhido pelos eleitores, e, logo, a designação oficial não tem objeto, ou, sem o apoio da administração, ele não terá sido nomeado, e assim... o sistema de candidaturas oficiais está condenado!

(1) (Júlio César) recomendou a seus protegidos, enviando a todas as tribos tabuletas com estas poucas palavras: "César, ditador, à tribo tal: - Eu vos recomendo tal e tal para que eles mantenham a si próprios a dignidade de vosso sufrágio." (Suetônio).

VII

Resta-me apenas destrinchar duas questões preliminares, ambas intimamente ligadas ao sistema que eu tenho de apresentar: - as *circunscrições eleitorais*; estas não podem suscitar nenhuma discussão: eu não tenho uma única palavra a adicionar ao que já foi dito sobre a questão, e eu posso dispensar-me de tratar dela; - outra, mais delicada, é o *papel dos partidos nas eleições.*

O decreto de 1852 visava formar grupos de aproximadamente trinta e cinco mil eleitores, com direito a um deputado.

Adotada essa divisão, provavelmente teríamos feito melhor se tivéssemos mantido, tanto quanto possível, as antigas linhas cantonais, deixando, em todo caso, às capitais departamentais e cantonais seu círculo legítimo de influência. Teria havido, por departamento, três, quatro, cinco grupos homogêneos, cada um com seu temperamento, sua opinião e, consequentemente, seu candidato, verdadeira expressão da maioria local; pois parece que, demandando uma resposta coletiva a um número considerável de eleitores, essa resposta será mais exata quando houver mais facilidade para acordo prévio e interesses comuns.

Não se tem pensado assim: em vez de unir, tem-se mexido, confundido, misturado; - têm-se transformado as ondas urbanas em oceano rural; a capital local sendo muitas vezes uma personalidade frondosa, às vezes hostil, ela tem sido dividida, e cada circunscrição tem tido um pedaço. - A justificativa desta medida tomou de empréstimo suas formas da vida pastoral, - à imoralidade das populações operárias, ao ar viciado das cidades, têm sido postos no lugar o quadro sorridente da campanha, o ar puro dos campos, as virtudes campestres... e as guardas campestres. Mas por que insistir? Esse ataque, sem uma contradição convincente, é discutível e não ligado, entretanto, de nenhum modo, ao meu sistema, que requer a votação em escrutínio de lista e, por isso mesmo, em circunscrições eleitorais mais vastas.

Eu não quero tocar incidentalmente no assunto que eu abordo - a descentralização. - Eu, porém, aproveito a proximidade do tema para usar uma metáfora imperial, afirmando, depois de muitos outros, que a descentralização é a base do edifício do qual a liberdade deve ser o coroamento.

A divisão administrativa da França criou, pelo hábito de quase um século, uma espécie de vida departamental, altamente insuficiente, sem dúvida, e que se vai enfraquecendo; mas, no final, o departamento não é hoje mais uma aglomeração artificial, ele é o pequeno país dentro do grande. Se os interesses de um departamento não são absolutamente distintos daqueles dos departamentos vizinhos, eles não são absolutamente os mesmos: - os relatórios são mais frequentes, conhece-se a vantagem; e, nos grandes dias das eleições, os desejos e as esperanças desta aglomeração se prendem justamente à delimitação das fronteiras administrativas; - outras preocupações e outros desejos agitam-se além. A unidade do colégio eleitoral departamental me parece, então, uma das boas condições da equidade das eleições: - os limites são claros, incontestáveis; ela não se presta a combinações artificiais, a alterações arbitrárias; tem uma individualidade completa, viva, independente, que, lealmente interrogada, pode responder seriamente.

A votação por departamento e no sistema de lista é necessária ao funcionamento de meu sistema.

VIII

Embora os partidos não gozem, nos círculos governamentais, de uma boa reputação, e essa palavra, precedida de um adjetivo, torne-se a fórmula do desprezo - *os velhos partidos*, - é difícil fazer idéia de um país onde esses elementos, essas forças da sociedade, não se juntem.

Na França, mais do que em outros lugares, resiste-se em considerar os partidos - os velhos partidos - como um fato anormal, irregular, inconsistente com a ordem pública; - aperta-se a ingenuidade para adiar o desenvolvimento das liberdades, o coroamento do edifício, no alvorecer desse dia que jamais deveria surgir, quando os franceses se inclinarão ante um novo rei-sol e votarão como um eleitor único.

Certamente, uma população igualmente certificada, talvez, com garantia do governo, andando sobre um mesmo caminho em velocidade média e sob a direção do motorista oficial, pode ter algum valor como uma obra de arte.... política; mas a ciência da mecânica aplicada à humanidade não me parece que deva ser encorajada.

Deixemos, pois, as oficinas de construção e ocupemo-nos das nações viventes. Nós encontraremos essas diversas opiniões lutando constantemente; luta surda ou manifesta, de acordo com o grau das liberdades civis. Alguns simplesmente aprovar o governo; outros acusam sua lentidão; outros, ainda, querem que ele retroceda; ou, de preferência, que haja um partido *conservador*, emoldurado pelo partido *progressista* e pelo partido *retrógrado*, ou seja, os velhos partidos!

A mente não pode conceber um mundo, um povo, uma cidade ou uma tribo que não sejam alvejados pelos partidos, - velhos e novos.

Devemos respeitar a lei - o respeito *exterior* - nada mais. Não nos é proibido querer algo melhor ou algo mais,.a menos que para sustentar que o império atual é o governo típico, a forma definitiva, a verdade absoluta. Os mais audazes não ousarão responder afirmativamente.

O quê! A unidade de opinião em matéria política! E a inquisição, a tortura, os massacres e as fogueiras não puderam estabelecer a unidade religiosa!

Dizem-nos: Certamente, as manifestações dos partidos representando as aspirações de um povo que adere sinceramente e sem reservas ao governo estabelecido são perfeitamente legítimas, e ninguém pensa em abafá-las (sinceramente e sem reservas é demais). Nossos vizinhos oferecem um bom exemplo a seguir: a oposição na Inglaterra é simplesmente aristocrática ou liberal, enquanto que na França ela é especialmente anti-dinástica; o governo não tem de combater os partidos, mas as facções; não se é conservador ou liberal, terceiro-partido ou democrata, mas orleanista, republicano, etc. Há, portanto, uma questão de ordem pública que é a de não deixar as conspirações se organizarem.

Nós respondemos: É possível que os velhos partidos sejam compostos, em grande parte ou na totalidade, por orleanistas e republicanos; não sabemos nada, tampouco vós sabeis. Esta é uma suposição que fazeis: vamos concordar que ela é provável, se quiserdes; enfim, é apenas uma suposição. Orleanistas ou liberais, se eles conspiram, fazem prender os conspiradores; democratas ou republicanos, *se tomam as ruas*, ides reprimir a revolta: é vosso direito, é vosso dever. Quanto à revolta das ideias, nada podeis fazer.

Enquanto os partidos permanecem no terreno jurídico, enquanto o rondel de facções não é gerado, sua única arma é a discussão: as intenções vos escapam; não podeis atacá-los mais do que nós os defendemos; o tema do debate é indescritível; o que há de ambos os lados não passa de afirmação sem valor.

Esperais que os legitimistas e os orleanistas desapareçam; sem dúvida, eles desaparecerão... como desapareceram a liga, o arco, os dantonistas, os girondinos, etc. É uma questão de tempo; mas os partidos que eles representam se reformarão com as mesmas tendências sob outros nomes; pois o que perseguis inutilmente é uma maneira de pensar, um estado de espírito, isto é, uma escolha que persiste e se perpetua. As circunstâncias dão aos partidos um empréstimo uniforme, um rondel acidental. Eles adotam às vezes uma dinastia, às vezes uma palavra característica que se grava na memória; mas a dinastia morre, a palavra perde sua pegada, outro grande homem veio, uma palavra mais feliz substituiu a antiga, e os partidos simplesmente permanecem; e, apesar de suas transformações, são seguidos através dos tempos, em todos os países, sob todos os nomes.

Insisto nesta obviedade: os partidos têm existido sempre; eles existem legitimamente, e, convém agregar, legalmente. Conheço apenas uma maneira de remover as facções, a liberdade; eu não conheço nenhuma para remover os partidos.

Assim, querendo ou não, há sempre dois partidos: um da maioria, o que representa o governo; os outros da minoria, tendo também sua função, sua razão de ser.

É importante para a estabilidade, para o curso das questões em pauta, que não se interprete mal o ponto sobre a importância das minorias, que podem esconder sua inferioridade numérica por táticas inteligentes e barulhentas, que podem mesmo não ter consciência dessa inferioridade.

Também é importante que o governo, seja ele qual for, não se engane sobre o valor das adesões que ele obtém: a maioria que o circunda não deve ser uma maioria artificial, e tampouco deve ser contestada. O governo não é *um partido*: é ou deveria ser o representante da maioria.

Que seja provado a todos que os velhos partidos estão em minoria, e esses *velhos* partidos se tornarão modestos, e essa demonstração desconcertará todas as *conspirações orleanistas* e reprimirá moralmente, e vitoriosamente, todas as *insurreições republicanas*.

Que seja provado, ao contrário, que o país inquieto, insatisfeito, se inclina para a direita ou para a esquerda, e o governo, queira ou não, caminhará na direção indicada.

Em ambos os casos, o conhecimento exato da opinião pública e, consequentemente, o acordo entre a nação e os governos, isso pode ser traduzido assim: *segurança para o governo, tranquilidade para a nação*.

Assim, a existência dos partidos e a constatação oficial de sua força ou de sua fraqueza são os elementos mesmos da estabilidade.

Passo agora a abordar a exposição do meu sistema.

SEGUNDA PARTE

EXPOSIÇÃO DO SISTEMA

IX

O caminho que nós temos percorrido, embora coberto dos detritos de todos os sistemas, engrenagens viciosas, correias muito rijas, etc., sob os nomes de comissões, coligações, etc., esse caminho, digo eu, fatigante sem dúvida, mas fácil, levou-nos ao limite... de meu atelier; em outras palavras, o momento crítico chegou, e de mim o leitor está esperando minha pequena máquina!

Estou um pouco preocupado, na verdade, mas por um motivo diferente: minha pequena máquina é tão simples que é inconcebível que ela não se tenha feito impor, anteriormente, aos meus ilustres predecessores.

Ela não exige nem estudos nem trabalhos preliminares; ela se adapta a todas as formas de governo; ela pode funcionar na França, por exemplo, dentro de vinte e quatro horas. Além disso, ele reduz as atuais operações, ao remover o segundo turno de votação.

Até agora, o problema tem sido mal colocado, e, como resultado, vieram *as* soluções, em lugar de vir *a* solução.

Para saber como colocá-lo, o mais simples é examinar a forma como o próprio eleitor o coloca; porque ele o coloca, ele mesmo, naturalmente, de modo inconsciente, e, por esta razão, talvez mais exato. Assim, reportemo-nos ao período eleitoral.

Cada partido formula, não ouso dizer seus princípios - pois os princípios de 89 são invocados por todos os partidos, até mesmo por nossa Constituição! - mas, digamos, seu programa. Se há uma discussão sobre isso, o partido se desdobra e forma dois grupos distintos. Se é uma questão de esquerda, um continuará a nomear-se *democrático*, e o outro levará o título de *radical*. Até aí, não há nenhuma dificuldade; o obstáculo é a *escolha do candidato*.

Escolher os candidatos era um privilégio reservado exclusivamente às comissões e aos jornais, ou aos que eles reservassem. A lei sobre as reuniões públicas modificou, pelo menos em Paris, a maneira de operar. Eu digo em Paris porque esta lei, uma espécie de flor liberal, envolta em estado de botão na carta de 19 de janeiro, não poderia florescer na atmosfera glacial do Legislativo, e os provinciais suspeitos não a apreciaram.

A modificação, no entanto, é mais de forma que de fundo; as reuniões não são outra coisa, em seu todo, que não as sucursais das comissões: a diferença é que não se delibera a portas fechadas e o pessoal é mais numeroso.

A contradição não existia nas comissões; ela é abafada nas reuniões: as tendências e os procedimentos são os mesmos; mais algumas pessoas, e isso é tudo. Tem-se o Estado-Maior, tem-se todo o regimento; o grosso do exército sempre é deixado fora.

A fisionomia do eleitorado, se assim se pode dizer, está mudando; ela apresenta pelo menos três aspectos: pela frente, ela está sorrindo; vista do lado direito, ela está inquieta, desconfiada até a injúria; do lado esquerdo ela é feroz: e é somente o lado feroz que se vê nas reuniões.

Em Paris, as eleições de 24 de maio (ocupo-me apenas da primeira votação, a única em pequena escala, mas, enfim, a única que pode ter algum significado) demonstraram que a unanimidade de opinião nas reuniões não prova sequer a maioria simples na circunscrição eleitoral.

Na primeira, o Sr. d'Alton-Shée tem todas as ovações imagináveis, e chega em último na lista de eleitores. Na sétima, o Sr. J. Favre não consegue sequer se fazer ouvir, e seu nome reúne a maioria dos votos.

E se fosse a parte do treinamento? Se fossem interrogados aqueles que viram, aqueles que sabem - Maitre François, por exemplo -, eles lhes diriam: ..."Todos os outros, *crians* e *bellans* em igual entonação, começaram a gracejar e depois a pular na fila. O grupo ia para o primeiro e saltava depois para seu companheiro, etc." (*)

Eu me desviarei do papel que eu tenho traçado para prosseguir nesta ideia. Voltemos à declaração de fatos, à mera observação do movimento eleitoral.

Nos departamentos, a escolha dos candidatos enfrenta outras dificuldades. Geralmente não é costume ter na mão três ou quatro notabilidades indiscutíveis: tem-se uma dezena de possíveis candidatos, não confirmados, postulantes indecisos escondendo ou abandonando suas pretensões; mas esses dez candidatos de méritos diversos são insuficientes individualmente para reunir a maioria; eles estão, além disso, muito perto daqueles que os devem nomear; eles não têm perspectiva. Entre este aqui, aquele lá e aquele outro, o eleitor, solicitado, hesita: ele descobre que eles se equivalem, e, por vezes, que ele os merece. Esses dez concorrentes também esperam, deve-se confessar, que um deles saia das fileiras; o alinhamento não fere nenhuma susceptibilidade.

Se o sufrágio universal tivesse de se pronunciar diretamente, sem se preocupar com os *votos perdidos*, ele se repartiria sobre esses dez candidatos de uma maneira muito desigual. Ele indicaria a diferença que a opinião pública colocou entre eles; e aquele que encontrasse dificuldade para organizar uma comissão para patrocinar sua candidatura talvez saísse vitorioso do escrutínio.

Em resumo, conforme o caso, ou se abstém, porque nenhum dos possíveis candidatos, prevendo uma profunda hostilidade, atreve-se a dar um passo adiante; ou se vota sem nenhum entusiasmo em qualquer um deles, e vota-se naquele lá porque uma circunstância fortuita decidiu assim, porque ele tem algum amigo dedicado, talvez porque seja o mais medíocre de todos; ou se chama um candidato forasteiro. Se este último recurso traz o inconveniente de deixar os candidatos locais nas sombras, ele tem também a vantagem de deixá-los todos na sombra.

Então o candidato é sempre o obstáculo, obstáculo intransponível, às vezes alterado, às vezes franqueado; mas ele é alterado ou franqueado porque se conta há tempos com um interesse *superior*: a honra da bandeira! o triunfo do partido!

O candidato é o que divide, a bandeira política é o que une.

O *objetivo* é o sucesso de uma ideia, de um princípio, de um partido; os candidatos são apenas *os meios*.

O *objetivo* é único, de interesse *superior*, como eu disse antes; *os meios* são numerosos, quase indiferentes.

O eleitor tem a escolha dos meios, isto é, dos candidatos; ele o subordina a diferentes considerações: é caso de tática, de disciplina, de probabilidade - nada mais.

De fato, as coisas não se passam de outro modo.

Eu tomo ainda meu exemplo nas eleições de Paris, e na circunscrição (a segunda) onde cada partido esteve representado por um candidato.

Todos os eleitores conservadores que participaram do escrutínio votaram no Sr. Devinck. Isso quer dizer que o Sr. Devinck era seu homem, com a exclusão de todos os outros? - Aqueles que se reuniram sob o nome do Sr. Thiers consideram o Sr. Thiers como o único deputado apto a representá-los? - Aqueles que deram o voto ao Sr. d'Alton-Shee não teriam conduzido indiferentemente o Sr. Gambetta ou o Sr. Rochefort? Não há como negar isso. Talvez alguns dos que votaram no Sr. Devinck preferissem o Sr. Granier Cassagnac (esta hipótese não implica nenhuma preferência de minha parte); talvez também os eleitores do Sr. d'Alton-Shee tivessem passado de boa vontade para o Sr. Cantagrel; mas todos, independentemente de sua inclinação, votaram ou no candidato oficial, ou no candidato do terceiro partido, ou pelo radical, porque eles próprios eram conservadores, terceiristas ou radicais - *e somente isso*.

Portanto, até o momento, o problema tem sido mal colocado.

Não se vota *unicamente* no candidato; vota-se ao mesmo tempo em um candidato e em um partido.

Ou melhor:

VOTA-SE ANTES EM UM PARTIDO, EM SEGUIDA EM UM CANDIDATO.

Meu sistema está completamente contido na declaração desta verdade óbvia.

(*) *In* Rabelais (NT).

X

Vamos ver se, nestas novas bases, é difícil estabelecer uma máquina eleitoral simples, exata, funcionando *livremente* e, *desta vez*, absolutamente conforme as especificações.

O eleitor pertence, voluntária ou involuntariamente, a um dos três principais partidos que dividem os cidadãos do mesmo país:

Ou ele está satisfeito - partido governista;

Ou ele lamenta - partido retrógrado;

Ou ele espera coisa melhor - partido progressista.

Na França, sob o sistema parlamentar, esses partidos eram conhecidos - eles ainda são - pelos nomes de *centro, direita, esquerda*.

Eu não quero tratar das nuances; esta divisão sumária é suficiente para o momento (1).

Esta classificação, não sou eu quem a faz; - ela existe naturalmente, inevitavelmente: *ela não pode não existir.*

O cidadão que apresenta sua candidatura também pertence, voluntária ou involuntariamente, como o eleitor, a um desses três partidos; - só que, em meu sistema, ele deve declarar isso publicamente. Um candidato é uma escolha diferente de uma individualidade: é também, e acima de tudo, uma bandeira, e - para não dar lugar a ambiguidades - essa bandeira porta a divisa: *centro, direita* ou *esquerda,* isto é, uma palavra de que ninguém ignora o significado.

O eleitor votando, como já foi dito, *em primeiro* lugar em seu partido, *em seguida,* em vários candidatos, deve também mencionar, em sua cédula, *primeiro* sua bandeira de união, *em seguida* os homens a que ele confia a defesa.

As cédulas eleitorais, portanto, têm o aspecto que segue:

ESQUERDA		CENTRO		DIREITA
Gambetta, Piccard., E. Picard, etc., etc.		Devinck, Bouley, Denière, etc., etc.		Cochin, De Larcy, Keller, etc., etc.

A votação terá lugar por departamento e no sistema de lista, tendo cada departamento um número de deputados proporcional ao de eleitores registrados.

Eis o novo sistema em toda a sua simplicidade!

Agora penetremos no escritório central responsável pela contagem dos votos.

Com as cédulas verificadas, contadas, classificadas, a primeira operação consiste em encontrar o número de deputados a serem atribuídos a cada categoria.

Duas divisões são suficientes para se obter este resultado.

O total dos votos expressos dividido pelo número de deputados a serem eleitos dá a cifra de votos necessários a cada categoria para a nomeação de *um* deputado.

O total de votos de cada categoria dividido pelo quociente já encontrado dá o número de deputados a ser atribuído a cada uma delas.

Suponho aqui 200.000 eleitores e 8 deputados a serem eleitos, ou seja:

Eleitores	Deputados a se eleger	Quociente eleitoral
200.000	: 8	= 25.000

	Votes obtidos	Quociente	Deputies a atribuir a cada categoria	Votes não empregados
Centro	103,300	: 25,000	ou seja, 4	+ 3,300
Direita	36,200	: 25,000	ou seja, 1	+ 1,200
Esquerda	70,500	: 25,000	ou seja, 2	+ 20,500
	200,000		7	25,000

Estes 25.000 votos não empregados, estes *restos* totalizados, formam o quociente eleitoral, e, naturalmente, o partido, ou a categoria, que tem a fração mais significativa nomeia o deputado complementar (2).

Ha hipótese acima, é necessário, portanto, atribuir 4 deputados *ao centro*, 1 *à direita* e 3 *à esquerda*.

Seguindo a ordem já estabelecida, tivemos de procurar:

Primeiro, o número de deputados a atribuir a cada corrente;

Em seguida, em cada corrente de opinião, os candidatos que devem ser nomeados deputados.

O primeiro ponto está resolvido; os três partidos: *esquerda, - centro, - direita*, têm um número de representantes em perfeita relação com sua importância.

O segundo, mais secundário - eu apoio essa subordinação, que caracteriza meu sistema - não apresenta nenhuma dificuldade. Os deputados nomeados em cada categoria são aqueles que tenham obtido a maioria dos votos.

(1) A subdivisão dos partidos não apresenta nenhuma dificuldade, mas ela poderá macular aqui a clareza da exposição.

(2) Esta operação é, no fundo, apenas uma *regra de três*; ela, no entanto, distingue-se pela questão dos *restos*, que expressam aqui apenas uma proporção, das frações proporcionais, enquanto que na divisão dupla eles representam com precisão os votos não empregados.

XI

Apliquemos às eleições de 1869 esta operação, tão simples quanto correta.

Este trabalho não estará completo, no sentido de que a classificação dos votos em três categorias não é mais possível; no sentido ainda de que o eleitor não votou *livremente* nem em seu partido nem em seu candidato - havia coligação, acordo, compromisso.

Em Paris, por exemplo, em algumas circunscrições, os católicos, o terceiro partido, a esquerda e os radicais votaram juntos contra o candidato oficial; em outros, pelo contrário, os conservadores talvez tenham votado com a esquerda; em outros, finalmente, a mistura foi tão confusa, o combate foi tão mal engajado, que se discutirá muito tempo ainda sobre o nome do partido vencedor.

Quando questionada, a França, em vez de responder, soltou um grito formidável, composto de oito milhões de votos - foram contados; - o que eles disseram? As indicações do escrutínio são tão vagas que toda a gente reclama o benefício: o intérprete oficial afirma que o governo pessoal está fortificado pelo veredicto eleitoral, enquanto que a *esquerda* nisso achou a certeza de sua adesão pacífica, e o partido dos *irreconciliáveis*, o anúncio de uma revolução próxima.

Lástima! o país, consultado, *fala uma língua* muito imperfeita, muito pobre, e que conhece sua pena. Ele se agita, ele revira os olhos ameaçadores; pela energia do gesto, ele espera compensar.a impotência do discurso. Mas não se entende. Como entender? As palavras falham, as definições também.

É o dicionário que fornecerá o novo sistema.

Eu me limitarei, portanto, no estado, às únicas divisões aparentes: os candidatos *oficiais* e os candidatos da *oposição*, e ainda - especialmente para Paris - a linha que separa os dois campos é não decisiva. Se, de um lado, há os *legitimistas*, os *católicos*, os *irreconciliáveis*, a *esquerda*, o *terceiro partido*; do outro, há os candidatos *oficiais*, os candidatos *duvidosos*, os candidatos *agradáveis* e até mesmo os candidatos desagradáveis, mas impostos pelas circunstâncias. Entre eles e o terceiro partido, como distinguir? Quais assentos devemos atribuir aos senhores Olivier e Cochin? Se eu os coloco na lista oficial, eles protestam. Se eu os misturo aos opositores, eu não os reencontro mais em circunscrições onde eles levaram os votos governamentais! O que fazer? É um vício inerente ao sistema que leva para base única o candidato; quando o candidato é discutido, é alternadamente reivindicado e rejeitado por todos os partidos.

Então eu empregarei, para Paris, denominações mais vagas, a fim de não desvelar alguma susceptibilidade; mas essa classificação dos candidatos importa pouco, ele não afeta em nada a regularidade da operação, e a questão está toda aí. Lidamos com a representação dos *partidos*; tanto pior para o candidato, cuja opinião é um tópico de discussão.

ELEIÇÕES DE PARIS (23 e 24 de maio de 1869)

Eleitores......................314.435
Abstenções................ 85,977
Inscritos......................400.412
9 deputados a serem eleitos.
Os candidatos mais ou menos agradáveis tiveram......75.429 votos.
Os candidatos da oposição...239.006 votos.

Em relação a estes dados, vamos operar como já foi dito:
O total dos votos expressos, dividido pelo número de deputados a serem eleitos, dá o quociente eleitoral. Assim:

Votos expressos	Deputados a se eleger	Quociente eleitoral
314.435	: 9	= 34.937

Portanto, 34.937 votos são necessários para a nomeação de *um* deputado.

O total de votos de cada categoria, dividido pelo quociente já encontrado, dá o número de deputados a se atribuir a cada uma. Assim:

	Votos	Quociente eleitoral	Deputados	Votos
+ou- agradáveis	75.429	: 34.937	= 2	+ 5.555
Oposição	239.006	: 34.937	= 6	+ 29.384

Resultado (1)
2 deputados mais ou menos agradáveis
6 deputados de oposição
1 deputado de oposição (complementar).

A primeira operação está completa: cada grupo de 34.937 eleitores tem direito a um deputado, a oposição conta com 7, o governo com 2. A maioria é apenas a maioria; não aumentou à custa da minoria: uma e outra são como deveriam ser.

A segunda operação é mais simples ainda. Para designar os eleitos, é suficiente classificar os candidatos na ordem dos votos obtidos, através da compilação de duas listas, uma vez que temos aqui duas categorias.

Candidatos mais ou menos agradáveis		Oposição	
	Votos		Votos
E. OLLIVIER	12,848	J. SIMON	30,350
COCHIN	12,478	E. PICARD	24,444
DEVINCK	10,404	PELLETAN	23,410
BOULEY	9,810	BANCEL	22,848
LACHAUD	8,742	GAMBETTA	21,744
DENIÈRE	7,229	RASPAIL	14,470
LEVI	7,054	GARNIER-PAGÉS	14,346
Diverse	..6,864	Diverse	.87,394
	75,429		239,006

Os dois primeiros na lista oficial e os sete primeiros na lista da oposição serão proclamados deputados (2)

Este quadro dos candidatos não tem, nas atuais circunstâncias, nenhum significado: tanto que J. Simon é o primeiro, Raspail o sexto, enquanto J. Favre é o último, perdido nos *Diversos*, mas disso não resulta absolutamente que a opinião pública tenha colocado J. Favre abaixo de Raspail e J. Simon acima de todos. Não! a existência ou a ausência de candidaturas rivais, as circunstâncias em que estas candidaturas têm acontecido, as causas acidentais de concordância ou discordância não excedendo os limites das circunscrições, etc., têm aumentado ou diminuído o número de votos obtidos e removido qualquer valor da classificação numérica.

O novo sistema - temos notado certamente - desmonta todas as intrigas e torna ilusória a interferência abusiva das comissões. A cédula eleitoral tem duas partes distintas, o eleitor emite de uma vez dois votos: o primeiro, *obrigatório*, para seu partido; o segundo, *livre*, para seus candidatos. O primeiro garante o triunfo de sua opinião, o segundo é apenas a manifestação de uma preferência pessoal. O voto no candidato é um testemunho de estima, de consideração e, consequentemente, os lugares ocupados no topo do quadro de resumo são lugares de honra. Este quadro torna-se realmente um termômetro curioso, marcando os graus a que podem ser elevados os homens políticos, e, além disso, de acordo com os tempos, as mudanças de opinião.

Isso é Paris. Seria interessante repetir a mesma operação para vários departamentos, incluindo o Rhone, o Gironde, os Bouches-du-Rhône. Mas eu me limitarei ao Gard, que eu escolhi pela singularidade do resultado.

ELEIÇÕES DO GARD

| | | | Votos dados aos candidatos | |
Circunscrição	Inscritos	Votantes	Oficiais	Oponentes
1ª	35,216	25,939	11,465	14,474
2ª	30,801	7,953	21,472	13,519
3ª	41 001	28,776	16,702	12,074
4ª	25,838	21,193	11,824	9,369
	132,856	97,380	47,944	49,436

É fácil ver que, se o departamento foi alterado por um embargo prefeitural, de modo que as divisões adotadas desconcertam os hábitos e chocam o senso comum, de modo que a cidade de Nimes é cortada em três pedaços habilmente relacionados com circunscrições que a rodeiam, essa alteração não dispensa a necessidade de formar grupos eleitorais de igual importância, uma vez que a circunscrição conta apenas com 25.838 eleitores, enquanto a outra tem 41.001(!).

Apesar das dificuldades acumuladas no campo de manobra - não é para ler manobras - a oposição, em sua vista, põe-se diante do candidato oficial; as forças são quase iguais em ambos os lados.

O *regulamento* que eu vou fazer é tão óbvio para os sentidos que ele já está no pensamento do leitor.

Votantes	Deputados a se eleger	Quociente
97.380	: 4	= 24.145

Ou seja, 2 deputados para o governo e 2 para a oposição.

Eu completo com as duas listas dos candidatos.

Oficiais		Oposição	
	Votos		Votos
DUMAS	16,702	TEULON	10,609
ANDRÉ	11,824	CAZOT	10,515
TALABOT	11,465	PASQUET	4,912
GENTON	7,953	DE CRUSSOL	4,137
		Diversos	19,966
	47,944		49,436

Os dois primeiros na lista oficial e os dois primeiros na lista da oposição serão proclamados deputados.

Não foi assim que as coisas ocorreram. No *Sena*, pelo sistema atual, *todos* os candidatos da oposição triunfaram; houve lá, no entanto, uma minoria de 75.429 eleitores que não estão representados.

No *Gard*, é exatamente o contrário: *todos* os candidatos oficiais foram nomeados. Houve lá, no entanto, não exatamente uma minoria, mas, graças ao sapiente recorte das circunscrições, uma *maioria* de 49.436 eleitores que não estão representados.

E esses eleitores, em número considerável, rejeitados, condenados ao ostracismo, riscados de fato das listas eleitorais, são encontrados em todos os pontos da França. Multiplicai essas minorias sacrificadas pelas circunscrições - feita a exclusão de alguns *burgos podres* - e reconhecereis que metade do país não tem representantes! Foi alegado que esses vícios de *detalhes* se atenuam reciprocamente por seus resultados contrários; deve-se julgar a operação do alto e em todo o seu conjunto. Que as compensações inevitáveis restabeleçam, se não em sua totalidade, pelo menos em grande parte, as forças respectivas das diversas opiniões, e disso resulte uma média fortemente aceitável.

Vamos mostrar, pela tabela das eleições gerais em 1863 e 1869, que essas conjecturas valem a pena.

ELEIÇÕES GERAIS
1863

Votantes	Deputados a se eleger	Quociente
7.214.292	: 283	= 25.492

	Votos	Quociente	Deputados
Oficiais	5,354,779	: 25,492	i. e., 210
Oposição	1,859,513	: 25,492	i. e., 73

Portanto:

	Oficiais	Oposição
Resultado matemático	210	73
Resultado legal	250	33

Para 1869, é na lista de votos dada pelo jornal *La France* que eu vou operar. Eu não posso controlar isso e nem a quero desafiar; mas sua proveniência semi-oficial permite supor que ela não é desfavorável ao governo.

ELEIÇÕES GERAIS
1869

Votantes	Deputados a se eleger	Quociente
8.098.565	: 292	= 27,734

	Votos	Quociente	Deputados	Votos
Não recomendados,				
Terceiro partido.......	1,124,598	: 27,734	i. e., 40	+ 15,238
Orleanistas,				
Clericais, etc.....	786,020	: 27,734	i. e., 28	+ 9,468
Democratas				
não radicais.......				
Radicais...................	1,507,648	: 27,734	i. e., 54	+ 10,012
Votos perdidos...........	153,263	: 27,734	i. e., 5	+ 14,593
Oficiais..................	71,749		5	
	3,643,278	: 27,734	132	
	4,455,287		i. e., 160	+ 17,847
	8,098,565		292	

Os votos perdidos (e meu sistema não os tem) são atribuídos a um deputado adicional em cada categoria.

	Oficiais	Oposição
Resultado matemático.........................160		132
Resultado legal.......................................92		200

Acabei de colocar sob a vista dois sistemas, ou melhor, duas regras de aritmética, o que quer dizer que *todo mundo pode verificar.*

Um deles é mal concebido, mal enquadrado, mal resolvido: um é *evidentemente falso,* o outro é *evidentemente exato.*

Eu volto a isso uma última vez.

Proferidos os votos, o senso comum, a justiça, a aritmética, dizem-vos ao mesmo tempo:

Em Paris, a maioria deverá ter 7 representantes, a minoria, 2.

No Gard, a maioria, muito fraca, deve ter dois representantes, a minoria, 2, igualmente.

O *sistema atual* responde:

Em Paris, a minoria não será representada; e no Gard, melhor ainda, a *maioria,* nem ela mesma, será representada.

O sistema de *votos acumulados pode* responder *aproximando-se mais da justiça*: Aqui fica a parte provável da oposição, ali a do governo - *ou coisa assim.*

Quanto a. meu sistema, ele responderá como ele tem

respondido e como querem o senso comum, a justiça e a aritmética.

A minoria será representada em.Paris, como a maioria no Gard, e (assumindo - o que é inadmissível - que o novo sistema não tem alterado muito o escrutínio de 23 e 24 de maio) cada departamento fornece sua quota de adesão e de culpa, computando-nos para o Legislativo 160 deputados oficiais e 132 deputados da oposição, ou seja, para o governo uma *frágil,* mas *verdadeira,* maioria de 28 votos

(1) Obtém-se o mesmo resultado pela *regra de três.*

Candidatos mais ou menos agradáveis

Votos expressos	Deputados a se eleger	Votos obtidos	Deputados	Frações
314,435	:9	:: 75,429:x	=2	+ 15

Candidatos da oposição

314,44	:9	:: 239,006 : x	=6	+ 84

(2) Tabela comparativa. Eleições de 1863.

Votantes	Deputados a eleger	Quociente eleitoral
224.036	: 9	= 24.892

	Votos	Quociente	Deputados	Votos
Oficiais	79,147	: 24,892	=3	+ 4,471
Oposição	144,889	: 24,892	=5	+ 20,429

XII

É impossível saber no que dará o sufrágio universal, quando o eleitor *livre* puder, sem afetar o sucesso de seu partido, votar nos candidatos realmente escolhidos por ele; mas não há nenhuma temeridade em afirmar que o resultado será muito diferente daquele que eu levantei sobre a votação de 1869. Em todo o caso, o governo, assim como a oposição, encontrará úteis informações (pode-se dizer: formações, ensinamentos).

A cifra de 35.000 eleitores inscritos para um deputado é muito elevada; uma minoria significativa até mesmo correrá o risco de desaparecer: reduzida a 20.000 ou 25.000, ela satisfará as exigências mais extremas.

No trabalho acima, eu dividi os votos em apenas duas categorias: governo e oposição. É tudo o que se podia fazer; mas a divisão teórica é muito diferente, eu tenho dito, e devo voltar a este assunto.

Há em princípio três grupos elementares: progressista, governamental e conservador ou retrógrado, ou seja:

Esquerda - Centro - Direita

Esta é uma primeira classificação; os partidos que empurram o governo na direção contrária são formados de tal modo que eles exigem uma nova divisão. Os grupos que esta produz tem denominações populares que convém manter, pois indicam um programa político conhecido (1).

A série se completa então como segue:

Centro
Centro Esquerda   *Centro Direita*
Esquerda   *Direita*

À primeira vista, parece que qualquer eleitor poderá politicamente estabelecer-se em uma dessas divisões, adotar um desses programas, e que as eleições feitas nessas condições darão uma estatística suficiente da opinião.

Isso, porém, não é suficiente. Se o lado *direito* comporta somente as subdivisões indicadas, o lado esquerdo requer um prolongamento da série; após o *terceiro partido* encontram-se os *democratas*, e mais além dos democratas há os *radicais*. Eu não sei se devo colocar mais acima ou mais abaixo os *irreconciliáveis*.

Há, portanto, conveniência em adotar o quadro da seguinte forma:

Centro
Centro Esquerda   *Centro Direita*
Esquerda   *Direita*
Extrema esquerda   *Extrema direita* (2).

Com este quadro completo, este prisma que mostra as sete cores políticas dá plena satisfação a todas as opiniões, tendo, no entanto, em alguns casos - deveras raros - uma desvantagem relativa pela dispersão mesma dos votos. As minorias se acharão lesadas nos departamentos que não tiverem direito a um pequeno número de deputados.

Admitamos 60.000 eleitores, para eleger três deputados.

	Votos	Quociente	Deputados	Votos
Centro	48,000	: 20,000	ou seja, 2	+ 8,000
Esquerda	7,000	: 20,000	ou seja, 0	+ 7,000
Extrema esquerda	5,000	: 20,000	ou seja, 0	+ 5,000

O centro, por suas frações predominantes, nomeará os 3 deputados.

Isso é justo? Eu acho que não; obviamente, neste exemplo, a esquerda e a extrema esquerda são subdivisões do mesmo partido, e os 12.000 eleitores, tanto o caso foi previsto como a opção esteve disponível, se forem provavelmente reunidos, os mais fracos cederão aos mais fortes, em vez de deixar passar o candidato do governo, ou, dito de outra forma, o adversário.

Eu poderia variar ao infinito essas combinações; mas não é necessário: nós sempre encontraremos os combatentes provavelmente preferindo um sucesso parcial a uma derrota. É impossível dar conta dessa preferência? Nem um pouco.

Que o eleitor seja livre para ficar com a afirmação exclusiva de seu partido ou, mais conciliatório na antecipação do fracasso, que ele possa adicionar a sua cédula uma destinação eventual, o que ele poderá expressar de forma bem simples.

Aqui está o boletim alterado; ele não difere do primeiro a não ser pela simples adição de uma palavra, ou seja, de uma disposição subordinada a um caso previsto:

ESQUERDA - Extrema esquerda	EXTREMA ESQUERDA - Esquerda
E. Picard, Bethmont., Carnot, etc.	Gambetta, Raspail, Esquiros, etc.

O que eu digo da esquerda e da extrema esquerda aplica-se, naturalmente, a todos os partidos.

A recapitulação se fará, em primeiro lugar, tendo em conta apenas a primeira indicação, e o partido que reunirá a maioria dos votos se beneficiará daqueles que lhe foram reservados, na ausência de qualquer emprego útil, pela vontade expressa dos eleitores.

E que não se grite pela coalizão! Para derrubar o inimigo comum, vota-se *no* partido que o ataca, não *a favor* desse partido; o acordo se faz geralmente sobre um candidato multicolor, equívoco, apagado e por vezes - em casos desesperados - em um candidato de cor clara, vermelha ou preta, mas então reservando expressamente os princípios: em meu sistema, *com preferências*, a coalizão não tem mais esse terreno fértil (o candidato), porque se decide *sobre os princípios em si*; adere-se a um programa preciso, que interdita os compromissos e tolera apenas a associação entre duas nuances similares, a solda entre os partidos justapostos!

Suponhamos, agora, as eleições gerais feitas nessas condições. A cada uma dessas denominações adiciona-se então um ponto de interrogação: estas são as perguntas - suponham-se as respostas. Sob aqueles sete programas, colocai as cifras - os votos expressos - e dizei se haverá lugar para equívoco; se do escrutínio não emergirá, clara, indiscutível, a vontade soberana da maioria; se todas as minorias não se encontrarão representadas; se o conjunto assim formado *não será a redução exata do eleitorado!*

(1) É supérfluo observar que estas denominações não têm nada de obrigatório, entretanto. Esta não é uma necessidade do sistema, esta é minha opinião sobre um detalhe de implementação; somente essas denominações, para preservar seu caráter de *ordem pública*, precisam de uma sanção legal. Uma lei eleitoral deve precisá-las e limitá-las; pois se é indiferente que se designem os partidos com os termos Centro Esquerda, Esquerda, Extrema Esquerda - ou Terceiro Partido, Democratas, Radicais, - não é improvável que elas se manifestem sob a rubrica (falsa em sua maioria) de Legitimistas, Republicanos, Orleanistas, etc.

(2) Este quadro provoca uma observação. Um governo que representa a *média* da opinião pública acha-se igualmente solicitado na direção contrária pelos partidos opostos; como é que a série esquerda (o partido liberal) responde exata e completamente à

luta atual dos partidos, enquanto a série direita quase não se emprega? Em vez de estar no centro, o governo está, portanto, em uma das extremidades?

TERCEIRA PARTE

COMENTÁRIOS

XIII

Na primeira parte deste trabalho, eu assisto o leitor com um desfiar um pouco rápido das questões eleitorais pendentes, constatando, gradualmente, os inconvenientes e os vícios das soluções dadas pelo sistema atual. Essas mesmas questões vão novamente passar diante de nossos olhos, mas a aplicação do sistema que eu tenho exposto, e cuja superioridade manifesta-se por comparação, será também fácil de demonstrar, agora que temos os fundamentos da discussão.

Um tal arrazoado, como o precedente, não nos deterá além da medida: desenvolvimentos longos, clarificações minuciosas e dissertações amplas e soltas não entram no plano que adotei e que consiste em contar com a colaboração do leitor; porque há uma certa presunção em permanecer por muito tempo sobre o mesmo tema, para forçá-lo a retornar sobre seus passos, como se ele tivesse esquecido ou não tivese entendido, a lhe fazer pesar um a um todos os argumentos, a não lhe poupar nem um detalhe, nem um comentário!

Eu tenho também de considerar cuidadosamente, escrupulosamente, os obstáculos, as desvantagens e os perigos da nova estrada que eu abro para o sufrágio universal. Eu não tenho, no entanto, a pretensão de observar tudo, de descobrir tudo; caberá a mim, talvez, andar em terreno pedregoso, sem o declarar - é que não terei consciência disso; - passar ante um precipício sem me deter - é que eu não o terei visto!

Eu já respondi à objeção inevitável: o pretenso perigo da representação partidária. Isso, eu sei, tenaz como um preconceito, resistirá a todos os argumentos e, vinte vezes abatido, sempre se levantará com ar triunfante. Eu terei de frisar, sem sucesso, que uma vez que existem partidos no país, uma vez que estão na Câmara, uma vez que estão em todas as assembleias, no departamento como no município; uma vez que lá, no escuro, sob a máscara, meu sistema, deste ponto de vista, não produzirá outro efeito que não o de um archote: ele clareará o perigo, se perigo houver. Palavras ao vento! os conservadores, os vigilantes guardiões da ordem social, preferem assistir na noite, tremendo, essas negras silhuetas, sem saber exatamente o que elas querem e o que elas podem - sua audácia vai longe! - ou então eles fecham os olhos - sua prudência vai longe!

Ele deve desistir de caçar os fantasmas dos partidos e abandonar esses visionários, tudo o mais assim porque eu ouço, embora distantes, dois pedidos de interpelação: um sobre as coligações *parlamentares*, o outro sobre a necessidade de *dirigir* o sufrágio universal, e eu vejo ao meu lado, ameaçadora, uma tripla objeção que me espera - a arma afiada, de três pontas, deixando apenas a escolha do ferimento.

Vamos escutar isto primeiro:

O quadro dos partidos é incompleto, e, no entanto, ele divide o país em categorias demasiado estreitas; os interesses preciosos são excluídos, sacrificados, e a Assembleia Nacional é composta por minorias, sem importância e sem caráter. Os grandes partidos já não existem; o sufrágio universal, perdido em distinções que lhe escapam, povoam o Legislativo de mandatários heterogêneos, incapazes de se combinar, de se agrupar: em vez de duas bandeiras, sete guidões!

Lancemos um pouco de luz em torno destas objeções; examinemo-las separadamente.

A denominação dos partidos, como eu apresentei aqui, está completa? Todos os partidos políticos figuram lá, sem dúvida; no entanto - esta é a primeira objeção especificada - interesses puramente religiosos, puramente locais, puramente comerciais, de reformas sociais, estes não formam também grupos separados que devem ser representados?

Tudo isso ainda está um pouco confuso.

Há os interesses *permanentes* e os interesses *acidentais*: os primeiros são sempre ligados aos partidos políticos, os outros são ordinariamente destacados deles.

Os *católicos* e os *socialistas* atendem aos interesses permanentes, e, dessa forma, eles fazem causa comum com os partidos políticos, confundem-se com eles, acentuam-nos; em certos períodos, eles exageram o significado.

Na França - atualmente - alguns ou muitos se dizem católicos e *exclusivamente* católicos; mas por suas doutrinas, sua tradição, seus jornais, seus candidatos, eles se afirmam como partido político. É o partido da *autoridade* - acrescente-se monárquica; é o partido do *direito* - adicione-se a palavra *divino*, apagado devido à impopularidade: ele pertence à *direita*. Da mesma forma, o partido protestante, se existisse, pertenceria à *esquerda*.

Os interesses religiosos estão, portanto, incluídos em meu quadro. Não há porque se preocupar com isso; nada impede, assim, o partido católico de escolher dentro da série *direita* - onde muitos assentos estão vagos - uma etiqueta que lhe agradará, uma etiqueta convencional sob a qual ele se reunirá.

Quanto aos socialistas, eles se dividem em duas categorias: uma se acomoda ao pessoal do governo, a outra é soldada ao limite da extrema esquerda.

Os interesses locais e comerciais são acidentais. Vamos nos desembaraçar dos primeiros.

Estes interesses locais, por respeitáveis que sejam, não têm nada a fazer aqui; em primeiro lugar, porque um deputado não é o defensor de uma circunscrição, mas um representante de um partido político. Temos de lutar contra essa mente estreita e não buscar favorecê-la. Uma assembleia composta de mandatários semelhantes será sem valor moral, sem princípio; absorta na contemplação do orçamento, ela não perturbará o sono de nenhuma augusta majestade. - Nada a fazer ainda porque o interesse local é sempre defendido pelo deputado da localidade e atacado pelo deputado do departamento vizinho, cujos interesses são contrários. Basta recordar os episódios de alegria trazidos por essas discussões: traçados de estradas de ferro, melhorias das vias navegáveis, direitos de entrada sobre vinhos estrangeiros, etc. Assim que os interesses de dois departamentos em rivalidade estejam em jogo, dois deputados previstos se levantam ao mesmo tempo, tendo, um após o outro, a palavra - para as explosões de riso da Casa - e os dois oradores, um pouco irritados de início, não tardam em tomar parte na hilaridade geral.

O que é então, basicamente, um representante de interesse local? Para os eleitores, é um protetor complacente; para a administração, é um protegido dócil. Ou o interesse local é legítimo, e os deputados do departamento, sejam eles quais forem, são os defensores naturais; ou, constituindo um privilégio, só pode ser satisfeito por um favor: - um favor não é concedido senão em troca de um serviço. - Ou, se o deputado está bem agradecido ao governo, ele deve, em boa moral, quando se apresentar ante seus eleitores, estar agradecido de outra forma!

A questão muda com o interesse geral, na mesma ordem puramente material; ela pode ter, num dado momento, uma importância, uma gravidade extrema, quase dividindo o país em dois campos - aquela do livre comércio está neste caso.

Eu entendo, assim, não a necessidade de aumentar a nomenclatura dos partidos, deixando os eleitores livres para votar nas questões políticas ou econômicas; porque esta Câmara meio-partida, representando apenas frações arbitrárias da opinião, não expressará mais que maiorias facciosas. Não, eu entendo melhor a convocação de mandatários especiais, - uma sessão comercial. - Meu sistema responde perfeitamente a esta necessidade; - As cédulas, em vez de ter por insígnias: *esquerda - centro - direita*, portará as indicações necessárias, *livre comércio - proteção*, etc.

Um argumento final - reservado - em que são excluídos de uma vez os três interesses não representados:

Não se colocam ao mesmo tempo aos eleitores *duas* questões *distintas*, sem relação entre si, e isto pela excelente razão de que eles, não podendo responder a *uma só*, serão obrigados a optar, a sacrificar este ou aquele. A questão política supera todas as outras.

Na última eleição, os candidatos *protecionistas* não foram nomeados nas circunscrições onde seus apoiadores se encontravam, no entanto, em franca maioria. - O candidato *político, apenas*, estava em causa. - Isso não será jamais de outra forma.

E não é apenas por ocasião da nomeação dos membros do Legislativo que a política inclui e absorve os interesses que buscam uma luta desigual: ela tem seu lugar obrigatório - o primeiro - em todas as reuniões eleitorais. Com ou sem profissão de fé, e apesar de inúmeras recusas, os conselheiros gerais, os conselheiros municipais, os conselheiros de bairro, etc., são os candidatos políticos. A opinião contrária tem para ela, eu não ignoro - a quase unanimidade: da extrema direita à extrema esquerda, sem que a linha esteja quebrada, sem lacunas, todos os partidos, teoricamente, chamam os homens de boa vontade sobre essa terra neutralizada; a própria lei vem em seu auxílio para banir formalmente a política. Na realidade, porém - o espetáculo está sob nossos olhos todos os dias, - essas eleições têm um caráter político; os conselhos gerais emitem as pretensões políticas, os presidentes desses conselhos pronunciam discursos políticos. Há conflitos políticos entre os prefeitos e os conselhos municipais; os conselhos de bairro fazem manifestações políticas e os jornais e partidos registram com satisfação essas vitórias políticas!

Devemos lamentar essa invasão? É a visão geral, é a visão destes publicistas tristes que se obstinam na busca de novas combinações e constroem diques engenhosos, o que não impede as ondas políticas de atravessar ou passar por cima; -e eu me alegro, e acrescento que a máquina constitucional tem necessidade dessa força motriz.

Os direitos políticos, fortemente desdenhados pelos teóricos que nasceram do golpe de Estado (escola do governo, ramo Emile Ollivier), são, sem chance de esquecimento, a garantia por excelência das liberdades públicas. Esses direitos, deve-se afirmar, tem de servir a todo propósito, ao propósito de tudo, porque eles tocam em tudo. Não é indiferente, mesmo do ponto de vista dos interesses especiais, ter, tanto no departamento como na prefeitura, representantes oficiais ou independentes - e a alternativa é forçada, faz tomar os daqui ou os de lá. - O candidato *competente*, de fora, ao lado e acima dos partidos, é uma ilusão, e o candidato sem qualificação não tem razão de ser.

Os interesses departamentais e comunais não têm a mesma aparência quando visualizados com óculos de diferentes cores, e é pueril sugerir que há algo diferente de óculos coloridos.

A questão política é sempre, e com razão, a questão dominante para uma nação viril; seu desaparecimento é um sinal seguro de decadência.

Essa é minha resposta à primeira objeção. Vamos abordar a segunda.

Ela consiste em perguntar se as divisões propostas não são muito numerosas, se elas estão todas suficientemente justificadas, se os grandes partidos que a nova votação desintegra, em lugar de fazê-los escrupulosamente apresentados, não são enfraquecidos e desnaturados; enfim, e sobretudo, se a educação pública comporta essas distinções.

Sem hesitar, eu rejeito a objeção na totalidade, e sob cada uma de suas faces. Ou estas distinções existem dentro do país, e o Poder Legislativo - esse espelho - deve reproduzi-las; ou as frações de partido não têm nenhuma consistência, e a eleição fará justiça. Por que manchar a autoridade? Quanto ao enfraquecimento dos grandes partidos, eu não vislumbro a causa; a ignorância dos elementos que os compõem será a condição de sua força? Força aparente então, e impotência. Para meu sistema, os grandes partidos se apresentam fracionados; mas, se os pontos de divergência são conhecidos, os pontos de união também o são, e, na hora do combate, a concentração é fácil, e a ação combinada dos diferentes órgãos é rápida e decisiva.

Resta a educação para o sufrágio universal: se ela é para ser feita, no que estou de acordo sem dificuldade, será melhor e mais rapidamente realizada sob a pressão da necessidade e pelo exercício de um direito do qual o eleitor compreenderá a potência.

O sufrágio universal, no entanto, não é para mim a arca sagrada, e eu não tenho nenhuma objeção a que se o toque.

Essa objeção, que se atribui à classificação, às divisões e subdivisões dos partidos, fosse ela fundamentada - e eu não penso assim, - meu sistema deixa intacta. Que fosse preferível, no momento, contar cinco partidos em vez de sete, ou três em vez de cinco, isso tem certamente seu interesse, mas um interesse transitório, momentâneo; há conveniência em proceder-se de uma forma menos radical, em não dar totalmente, de início, uma organização completa, racional, para. preparar o terreno, pode-se argumentar: é um detalhe de implementação.

Para a plena implementação do sistema, o país será representado absolutamente, minorias e maioria, homem por homem, como disse Stuart Mill; - procedendo por temperamento, mesmo que os detalhes essenciais sejam perdidos, os grandes partidos terão, no Legislativo, um valor, uma importância e uma autoridade muito maiores que aquelas que eles têm no sistema atual.

XIV

O sufrágio universal precisa ser dirigido. Embora, quando levada ao estado de axioma, esta proposta, no entanto, contenha duas idéias inconciliáveis; a necessidade de direção pode ser apenas um meio transitório ou uma crítica da lei eleitoral.

Observemos um pouco mais de perto o sufrágio universal dirigido.

Buscam o eleitor, tomam-no pela mão, conduzem-no, dão-lhe uma cédula que ele não escolheria e, depositado o voto, curvam-se todos diante do veredicto do povo soberano.

É a comissão que organiza tudo, confere tudo, prepara tudo: a convicção, o acordo, a escolha, o sucesso. Ela imprime as cédulas, ela as distribui, ela enche a urna eleitoral... então ela as conta com respeito, uma a uma, e ela as chama sua vontade, a vontade do país!

Não! Este homem cujos braços se fazem mover não é um eleitor; ele é apenas aquele que, fora de qualquer sugestão, *quer* alguma coisa e *sabe* o que quer, emite uma opinião, expressa uma vontade, só que ele apenas nomeia um representante.

Esse é o princípio; ele é colocado, eu sei, em alturas inacessíveis: não se pode alcançá-lo. Tratemos de nos aproximar disso. Com que índice reconhecer o eleitor competente? Como proceder à triagem? A quem se endereçar? Será ao diretor das contribuições? Em que montante começa a capacidade eleitoral? - Num professor de escola primária? Qual é o mínimo de instrução obrigatória? - Num júri? Como será ele composto? São muitos pontos de interrogação, muitas respostas arbitrárias: faltam dados. Isto não é um problema a ser colocado, é um viés a tomar; em oposição ao sistema que demandava a *adição* das capacidades, demandemos a *eliminação* das incapacidades.

Eu ouço os protestos: a igualdade! o direito! o direito *natural!*

O direito é fortemente contestável - ele também é fortemente contestado. Se ele existisse, imperioso, completo, inteiro, ele registraria o mineiro e o idiota nas listas eleitorais; uma vez que não vai tão longe, desde que para no meio do caminho, pode-se discutir na estação.

Como, em minha visão, devem ser compostas as listas? Isto não se pode dizer em poucas palavras, e uma longa excursão a esses matos me afastará muito de meu assunto; no entanto, depois de fazer a pergunta com a intenção evidente de deixar entrever meu pensamento, eu respondo que a *primeira* radiação deverá ser feita... pelos incapazes mesmos.

Serão oferecidos aos eleitores um quadrado de papel branco e uma caneta: - votará quem puder.

Este lastro eleitoral, lançado ao mar, facilitará singularmente a marcha do barco democrático

Onde quer que a média de instrução aumente, a necessidade de direção diminui; um aumentando incessantemente, o outro diminui na mesma medida; deve-se chegar a esse nível em que, sendo o equilíbrio alcançado, a direção será suprimida.

Assim, a proposição que eu discuto poderá ser formulada de modo mais exato por meio de uma ligeira modificação, com a intercalação de três palavras:

O sufrágio universal tem necessidade, *no estado*, de ser dirigido.

Eu tenho procedido à amputação de parte do eleitorado, um pouco friamente e, sem dúvida, na visão de alguns, um pouco brutalmente: que importa? essa frieza, essa firmeza de cirurgia não exclui as simpatias pelo paciente, que rapidamente recuperará suas forças perdidas por meio do tratamento que eu indico.

Se o eleitor, ao dirigir-se às urnas, tiver de passar pelo portão da escola, este deveré estar bem aberto; ele não deverá decretar a instrução gratuita e *obrigatória*, porque as palavras jogam nos eventos um papel maior do que se crê, mas simplesmente deverá reconhecer o direito das crianças à instrução.

A Alemanha e os Estados Unidos têm-nos precedido por um longo tempo nesta via; o americano Horace Mann, fundador das Escolas Comuns, disse: "Todo ser humano tem *direito absoluto* à educação; recusar isso é condená-lo à. brutalidade e à miséria... Sob um governo como o nosso, é essencial que a educação coloque cada cidadão em situação de exercer suas funções cívicas e sociais". E isto não vem de declamações inocentes, de pura obrigação moral: as leis que interferiram na Alemanha, essas também interferiram na América livre; os legisladores de Massachusetts puniam com uma multa de 5 libras esterlinas, posteriormente aumentada para 40, "pais e professores que fossem bárbaros o suficiente para negar a seus filhos ou a seus aprendizes uma educação que era considerada como o direito natural de toda criatura inteligente"; e essas leis, que dizem opressivas, hoje sem objeto, caíram em desuso, - falha de delinquentes!

Isso não é coisa nova, portanto, mesmo para nossos códigos, sendo apenas o direito das crianças: trata-se de completá-lo.

A autoridade paterna está debilitada! O direito de vida e morte dos romanos não deixou de lembranças senão nossas tragédias clássicas, e se relega quase ao mundo das fábulas a venda de crianças pelos gauleses.

Jamais, entretanto, as leis francesas sancionaram tais excessos. As *Ordenanças* e a *Alfândega* sempre limitaram a autoridade paterna; a *Assembléia Constituinte* diminuiu-a muito, e o *Código Napoleão* reduziu-a a uma simples tutela dos filhos menores.

Ora, os filhos, os menores de idade, são, por lei, livres de maus tratos; eles são alojados, nutridos, vestidos... Já é um passo, é o trabalho da civilização que se desenvolve.

A autoridade do rei e a do pai, têm seguido dois caminhos paralelos, marchando no mesmo passo, reduzindo-se nas mesmas etapas: toda vez que o poder discricionário do chefe de Estado foi abalado, o do chefe de família sofreu um choque; ou, mudando os termos da comparação, toda vez que a lei reconheceu um novo direito relativo ao pai, ele registrou, expressa ou tacitamente, um direito equivalente da criança.

O direito de voto concedido a todos os cidadãos maiores de vinte e um anos, *que saibam ler e escrever*, tem então como corolário o direito das crianças à *instrução*.

Eu não me desviarei, ainda que possa parecer que o faça, do itinerário que tracei; esse rápido lançar de olhos sobre a instrução pública não é uma distração de viagens, porque meu sistema é, basicamente, um *pesa-votos* de extrema sensibilidade, e as flutuações da opinião serão mais bem expressas à medida que as cédulas colocadas nas bandejas tiverem o mesmo peso ou o mesmo valor.

Revisitemos agora a questão sobre o terreno atual, e ante o sufrágio universal sem condição de capacidade.

Os eleitores podem ser divididos em três séries:

A primeira contém todos aqueles que vivem um grau qualquer da vida intelectual, todos aqueles que se interessam pela coisa pública;

A segunda, mais particularmente comum no campo, completamente estranha a todos os fatos gerais, não olha para muito além da paróquia e ocupa-se apenas das questões paroquiais;

A terceira - um quarto da população!, -em uma profunda ignorância, não sabe ler nem escrever!...

Estabelecidas estas divisões, sou forçado a admitir, a direção das comissões é necessária; e ainda é necessário distinguir, há fagotes e fagotes, casos e casos.

Que a comissão dirija, até mesmo pela mão, aqueles que não podem se dirigir com os olhos, estamos de acordo - este caso de cegueira explica e justifica sua intervenção; - mas que ela se comporte da mesma maneira com aqueles que têm visão muito clara e sabem aonde vão, é um abuso... ao qual o novo sistema põe um fim, pois tira da comissão seu único argumento: sucesso comprometido se os votos se perdem sobre um candidato que não seja o seu próprio.

Não há nenhuma objeção, com o corretivo dos *dois votos simultâneos*, à livre organização das comissões, cuja ação se modificará naturalmente de acordo com o ambiente no qual elas agirão.

Para a primeira série, a comissão é simplesmente um escritório que centraliza as informações, discute os candidatos, indica suas preferências e toma as medidas necessárias para garantir a equidade do voto ou para constatar as ilegalidades: - ela é uma agência.

Para as outras duas séries, a comissão é um foco de propaganda ativa, ardente, apaixonado; porque, para levantar as massas iletradas e apáticas, faz-se necessário outra alavanca enérgica - é uma direção.

Não resulta dessas divisões que cada série *pertence* a uma opinião ou a uma comissão. Eu busco definir o papel das comissões e não classificar os partidos; eles têm, ou devem ter, suas comissões distintas, que se dirigem a *todos* os eleitores, e essas comissões são às vezes, ao mesmo tempo, simples escritórios de informação para uns, centros de propaganda para outros.

Essas são as comissões como eu as entendo, tendo em conta o estado atual e ignorando a lei eleitoral ou o decreto que as preenche.

A lei francesa, suspeita e *protecionista*, monitora os eleitores e as comissões; ela os mantém à distância, intimamente ligados: na realidade ela não protege nem aqueles nem estas; ela os embaraça igualmente. É um erro, porque ela intervém onde não deve, porque as relações entre os eleitores e as comissões olham exclusivamente as comissões e os eleitores.

As comissões, desembaraçadas das ligações tiradas do labirinto sempre confuso dos regulamentos administrativos e dos artigos espalhados em nossos códigos, deverão poder reunir-se também frequentemente e nas quantidades que considerem necessárias.

Elas devem sobretudo poder organizar-se livremente do ponto de vista financeiro, porque as eleições tomarão um caráter verdadeiramente democrático apenas quando elas se fizerem por contribuições voluntárias, à custa dos eleitores.

Estes custos são consideráveis e podem muito bem impedir candidaturas honrosas de acontecer. Esta não é uma regra popular, onde podemos ler por pensamento esse artigo não votado, mas ela está lá: são elegíveis, no interior do império, independentemente de domicílio e de recenseamento, todos os rentistas, capitalistas, latifundiários, etc. - Não, a riqueza não constitui um privilégio, sobretudo na França, onde a igualdade é tão bem compreendida - pelos inferiores!

Outra consideração, toda a moralidade acrescenta um peso decisivo à que a precede: o dinheiro espalhado aqui e ali, a mancheias, sem contar, por um candidato, independentemente de seu valor pessoal e da pureza de suas intenções, assemelha-se fortemente a corrupção eleitoral - a tal ponto que se equivoca às vezes -, enquanto, da parte dos eleitores ou da comissão, é apenas um dom patriótico, um sacrifício necessário ao sucesso da causa.

XV

Eu já tenho incidentalmente afirmado, aliás, sobre as comissões, que a emancipação dos eleitores é uma consequência da aplicação de meu sistema. A bandeira da independência, plantada na terra clássica da disciplina, é um fato muito novo sobre o qual vale a pena deter-se.

Tentarei colocar esse fato em plena luz, para mostrar esses

libertos na obra.

As reuniões privadas ocorrem numa circunscrição. O acesso não nos é interditado, então entremos. - A primeira, composta unicamente de conservadores, é presidida de direito pelo Doutor Pangloss; a reunião, convencida de que tudo é para o melhor no melhor dos governos, aprova sem restrição, admira sem reserva e encontra sempre a *razão suficiente* das leis e dos decretos que protegem o sono do Império. Unanimidade na satisfação! - Na segunda, os campeões da *direita*, contemplando com tristeza as ruínas amontoadas por nossas revoluções, agitam-se em torno de dois corpos de colunas, não existindo mais os capitéis; lê-se ainda sobre as bases escavadas: realeza hereditária, religião de Estado. Unanimidade na lamentação! - Na terceira, os desrespeitosos da *esquerda* reclamam tumultuosamente os direitos primordiais, as liberdades anteriores e superiores às constituições. Unanimidade na reivindicação!

Se em cada reunião os eleitores tivessem de resolver apenas a questão fundamental, todos concordariam tirando o chapéu: não se encontraria um dissidente; infelizmente, sobrevém a questão acessória, que os divide. Quais serão os advogados encarregados de defender, de fazer prevalecer, os princípios sobre os quais eles estão todos de acordo?

Esta questão acessória, como se sabe, traz o ponto principal para o método atual de votação; é mesmo a única que parece ser colocada aos eleitores.

Continuemos. A circunscrição tem direito a seis deputados; há vinte candidatos. Então ocorrem as discussões acaloradas, apaixonadas, injuriosas, azedas; então os círculos têm um belo jogo; então os intratáveis e os violentos estafam os tímidos; e, como do sucesso dos candidatos depende o próprio sucesso da causa, os mais inteligentes, os mais dedicados, fazem o sacrifício de suas preferências, e, cedendo à necessidade, engrossam o cortejo dos líderes.

Empurrado, pressionado, cercado e impotente, o eleitor vota como a maioria quer, ou como é exigido por um círculo, ou como os intratáveis querem; raramente como, intimamente, pessoalmente, ele mesmo quer. Ele vota a contragosto, às vezes para um ambicioso de terceira ordem, às vezes até para um intrigante, que ele sabe que é um intrigante!

Cansado desta servidão, querendo se livrar de todos esses chefes de clãs que dispõem de sua vontade, eu suponho que um eleitor convoque e reúna esses três grupos políticos para lhes submeter amigavelmente algumas observações:

Nós formamos aqui, ele diria, três partidos divididos: um desses partidos pede, sem a preocupação de enumerá-las, todas as liberdades; o outro, mais discreto, pede somente algumas; o outro, finalmente, está contente com aquelas que ele tem. Eu não direi qual é meu lugar no meio de vós; esta declaração seria inútil, uma vez que a proposta que eu tenho a fazer é de interesse comum. Vós, conservadores, se sois a maioria na circunscrição, querereis estar em maioria na representação, nada mais justo; vós, eleitores da direita e da esquerda, maioria ou minoria, quereis vossa parte também. Bem! Estamos contando! Vamos lidar inicialmente com este primeiro ponto, e esta questão essencial estando esvaziada, vamos pensar nos candidatos. Cada um de nós, então, sem preocupação com o resultado, sem compromisso desagradável, mesmo sem acordo prévio com os vizinhos, votará, dentro de sua independência, no homem que considere mais digno de o representar.

Intercalemos aqui os *Muito bem! - É isso aí! - Certíssimo!* - dos relatórios parlamentares. O orador, encorajado, continua:

Escolhendo nossos candidatos, levamos em conta apenas nossa consciência; não devemos computar o voto para a pessoa! Desta forma, não só estaremos todos proporcionalmente representados como grupos políticos, mas ainda nossos deputados serão nomeados por nós, eleitores, não por nossas comissões!

Vamos fazer o teste!

Os conservadores escreverão os nomes de seus candidatos nas cédulas brancas; os partidários da direita nas cédulas verdes, e os da esquerda, naturalmente, nas cédulas vermelhas. Terminado o escrutínio, será feita a triagem: quantas cédulas brancas, quantas verdes, quantas vermelhas. Esta é a resposta para a pergunta principal, aquela sobre a qual há conformidade de opinião, unanimidade. Quantos deputados brancos, quantos verdes, quantos vermelhos? É uma conta fácil de fazer; quanto a. nossos advogados, quanto aos candidatos - questão acessória, - aqueles que em cada grupo, sem qualquer pressão, espontaneamente, tenham obtido o maior número de votos, estes vão nos representar no Legislativo.

O que dirá este eleitor é o que eu mesmo tenho dito; o sistema que ele proporá é o que eu tenho exposto; estas cédulas coloridas são aquelas para as quais eu fiz o modelo.

De fato:

Eu voto, primeiramente, para meu partido; há necessidade de afirmá-lo, de estabelecer sua força numérica, de demonstrar seu poder, de reclamar a parte da influência que lhe é devida; e minha cédula, *independentemente dos nomes que eu adicionar, é contada para meu partido.* Em seguida eu voto *livremente* em *meus* candidatos, naqueles que eu escolhi, selecionados pessoalmente. *Não há votos perdidos*, nenhuma razão de disciplina pesa em minha determinação.

Que importam as comissões, os jornais e as reuniões? Eles já não dirigem mais, eles aconselham, e os aconselhamentos, eu escuto, sem dúvida, mas eu os discuto, e eu não sou obrigado a segui-los.

Minha liberdade é tal que eu posso escrever em minha cédula portando a divisa *esquerda* um ou mais candidatos do *governo* ou da *direita* - simpatia pessoal, estima, consideração por um grande caráter ou um grande talento, - sem que o voto de estima, afeição ou respeito prejudique o sucesso de minha causa, sem que isso cancele um único voto no total.

Minha cédula inteira porta sua cor; ela é dada a meu partido. Destaco um nome que favoreça apenas um indivíduo: minhas afeições não foram feridas, e meu partido não é diminuído.

Se a independência do eleitor e o direito das minorias estão assegurados, fora de contestação, outra consequência da aplicação de meu sistema é que essas mesmas minorias são representadas por toda a duração dos poderes do Corpo Legislativo, independentemente dos períodos de férias que possam ocorrer.

O escrutínio de lista, tal qual tem sido praticado até hoje, não comporta reeleições parciais; o sistema dos colégios eleitorais de *três cantos*, adotado na Inglaterra, comporta-as ainda muito menos, uma vez que o membro cessante, se ele pertence à minoria, ou seja, se ele deve sua nomeação a uma combinação protetora, é inevitavelmente substituído por um membro da maioria. Esta contradição não tem, no entanto, embargado o Parlamento Inglês, e, na circunscrição privilegiada, onde o deputado tem prevalecido, sob o império da nova lei, o terço mais um, é permitido designar um deputado de uma opinião oposta, ao abrigo da lei antiga mantida, de metade mais um!

O sistema que eu proponho evita esses inconvenientes; votando simultaneamente num partido e nos candidatos, constrói-se de uma só vez a lista dos deputados e dos suplentes.

A renúncia de um deputado, sua morte, etc., conduzem logicamente ao Legislativo o candidato que, na mesma circunscrição e na mesma lista, tenha vindo, na ordem dos votos obtidos, imediatamente após o último deputado nomeado.

É a mesma coisa para as eleições múltiplas.

Não segue daí que a duração dos poderes dos deputados deva ser prolongada e tampouco reduzida. Certamente, não. O sufrágio universal chama a cada ano um número considerável de novos eleitores ao escrutínio, e a cada ano a morte faz grandes cortes nas listas eleitorais. Essa renovação, tão rápida e tão profunda, mesmo sem ter em conta os eventos e as mudanças de opinião, exige imperativamente, pelo contrário, a frequência das eleições gerais.

XVI

Livre em suas preferências, diante das comissões, assim como ao encarar seu partido, o eleitor desfrutará, entretanto, apenas uma independência teórica, se não estiver ao abrigo da pressão administrativa. Essa pressão, quase sem efeito nos grandes centros, aumenta à medida que se afasta, e adquire todo o seu poder nos confins do departamento. Assim a oposição liberal, triunfante na capital, é geralmente batida no campo.

As influências são um pouco mais equilibradas nas cidades: se o prefeito toma a palavra, as comissões respondem; se o prefeito se inclina para um lado, o conselho da cidade se inclina para o outro; cada partido tem seus agentes, seu diário, seus murais: tudo é feito à luz do dia, publicamente, sob o controle incessante de uma população enérgica e zelosa de seus direitos.

Nas comunidades menores, a administração reina sem partilhas; a oposição raramente encontra lá um agente para distribuir cédulas, um muro para colar seus cartazes!

Desde que, nas lutas eleitorais, a vitória pertence aos grandes batalhões, é prudente supervisionar a inscrição, para saber exatamente a maneira como se levantam os grupos de camponeses, tão numerosos, dando-se com tanta união, esmagando toda as resistências.

Na França, de 37.548 comunidades, existem aproximadamente 28.000 que não computam, em média, mais que 120 eleitores; - os protestos dirigidos ao Legislativo têm dado uma visão geral da situação que lhes é imposta.

Falo da situação moral, e deixo na penumbra as urnas regulamentares, sem tergiversar sobre a segurança dos eleitores, quando elas são colocadas no quarto de dormir do prefeito, sem me surpreender com sua fertilidade quando há mais cédulas que eleitores.

O prefeito, assistido de perto ou de longe pelo juiz de paz, o padre, o guarda campestre e o policial, espera confiantemente seus munícipes, munidos de cédulas juntadas a seus cartões por meio de um alfinete.

Entende-se o embaraço do eleitor, sobretudo se, além da cédula oficial, ele porta uma outra - a cédula presumidamente sediciosa, - que ele gostaria de fazer escorregar na urna. Como ele pode estar a salvo de olhares desconfiados? Dobrada em quatro, rolada entre os dedos, esta cédula, ele pelo menos acredita, é de uma transparência tal que todo mundo lê através dela: o prefeito, o juiz de paz, o guarda campestre, o policial!...

Ele vê, presidindo o escritório eleitoral, o prefeito, que estende a mão para examinar o papel que lhe é remetido, a fim de assegurar... que haja apenas um voto proferido, e, confuso, trêmulo, incomodado, substituindo a cédula sediciosa pela cédula alfinetada, ele se aproxima como um culpado, - e vota como um inocente!

Eu descarto resolutamente, como o Legislativo, sem querer verificar, todos os fatos assinalados nos documentos cujas assinaturas não estão legalizadas: cartazes municipais, notícias falsas, notícias sensacionalistas, ameaças, etc. Retenho apenas a dificuldade de colocar nas mãos do prefeito um voto contrário à opinião do prefeito.

Dir-se-á que o voto é secreto? Não, este é um argumento bom para a tribuna! Não há nenhuma necessidade de se desdobrar uma cédula para ler. O resultado da eleição, em cada escritório, é conhecido antes da contagem dos votos.

Estão, no entanto, um pouco desencaminhados, o Sr. de Montalembert à frente, aqueles que apoiaram a votação em comuna: eles contavam com entregar da conta a metade ao castelão da região e ao pároco; - a administração tem mantido a maior parte! A comuna rural, crédula, impressionável, curva-se, dócil, sob essas três influências, às vezes se frustrando, mas ordinariamente empurrando-a na mesma direção. Exalta-se por promessas quiméricas; apavora-se, colocando sob seus olhos uma visão de adorno refrescada de tempos em tempos, e que representa o horizonte vermelho das revoluções!

Como subtrair os eleitores à vigilância desses tutores interessados? Chamando-os à capital do cantão (se não for a capital do departamento), em plena borrasca eleitoral; lá, agitados, abalados pelos quatro ventos, varridos pela reação, trazidos pela liberdade, eles se fortificarão na luta, eles aprenderão a depositar sem coação, numa urna desta vez bem guardada, uma cédula realmente escolhida por eles!

A votação na capital do cantão é o artigo essencial a inserir em uma nova lei eleitoral.

XVII

Nós temos percorrido já inteiramente e em todos os sentidos o círculo em torno do problema da representação das minorias; este círculo, este terreno limitado, circunscrito, comparamo-lo a uma casa que nós queremos comprar; - será, com efeito, uma habitação muito cômoda para o sufrágio universal, e a aquisição será feita a expensas do poder absoluto. - Depois de ter examinado, sucessivamente, os diversos andares - direito das minorias, liberdade de voto, nova organização das comissões, voto na capital do cantão, competência eleitoral - após ter, digamos, visitado o interior, abramos as janelas - e olhemos um pouco para fora.

Eis aqui, em primeiro lugar, distante, mal entrevista, a questão das coligações *parlamentares*. Não nos esqueçamos - é um ponto de partida essencial - de que as coligações *eleitorais* são praticamente abolidas em meu sistema. Mas, dirão, a coligação é apenas deslocada: cassada do corpo eleitoral, ela entra na Câmara com os deputados; a regra rígida da maioria, a maioria mais um, reina necessariamente em uma assembléia deliberativa; isoladas, as minorias são impotentes, é natural que elas se apoiem: Aí estão, pois, as coligações parlamentares restauradas.

Vejamos primeiro o que elas eram; depois veremos o que elas poderão ser.

Nós muito nos lembramos hoje das questões tempestuosas que levantaram tanta discussão e varreram os ministérios: apanágios hereditários, dote da princesa Louise, evacuação de Ancona, fundos secretos, etc... Lástima! há apenas nomes próprios, nomes conhecidos por todos, que soam na memória.

Quando se lança um olhar para trinta anos atrás, a esta distância favorável onde os detalhes que enganaram os contemporâneos estão perdidos nas sombras, onde se distinguem apenas os destaques, característicos, a única coisa que salta é o ataque furioso feito contra uma cidadela desmantelada - o poder. - Que espetáculo! uma mescla confusa de ministros e deputados sobre as marchas que levam às Tulherias; luta amarga entre três dezenas de personagens de figura séria, alguns são derrubados, atingidos pelos desmentidos, feridos pelas bolas do escrutínio, rasgados pelo discurso; outros estão de pé, mas igualmente feridos e empoeirados.

É um poema heróico-cômico, uma variante de *Le Lutrin*; os fólios de Barbin são substituídos por pastas.

O escândalo tem sido imenso - e fatal para o governo parlamentar.

Precisemos a origem e a causa; citemos para esta investigação uma testemunha e, de acordo com o neologismo em moda, uma testemunha autorizada (1):

"As eleições se fizeram (1837), não como uma luta pública das grandes opiniões e dos grandes partidos do país, mas como uma mistura confusa de candidatos apoiados ou rejeitados pela administração, segundo o que deles se presumia serem favoráveis ou contrários.

"Dessas eleições, assim feitas sem princípios acertados e sem bandeira desfraldada, resultou uma Câmara desorganizada, estranha aos *compromissos privados e públicos*, dominada por interesses e sentimentos individuais..."

E mais à frente:

"Realizadas sob tais auspícios, as eleições (1839) foram ardentemente contestadas e consumadas em uma grande embrulhada de opiniões e alianças (...); elas deram à coalizão uma vitória limitada, mas evidente, etc."

As condições não são mais as mesmas! O deputado surgido do voto racional e do voto livre é o representante de um partido: tem um programa do qual ele não pode afastar-se, ele é tomado por *compromissos privados e públicos*, ele chega ao Legislativo com um *mandato imperativo* amplo, mas preciso. - A cédula do voto não é outra coisa - não é o Sr. Cochin, o Sr. Thiers, o Sr. Picard, o nomeado; é antes de tudo um membro da *direita*, do *terceiro partido* ou da *esquerda*.

A votação dos deputados é prevista, obrigatória, e o voto é público; pois se o voto secreto se compreende como a garantia da independência do votante - e este é o caso do eleitor, - é inadmissível quando o eleitor deve contas ao país sobre seus atos - e, este é o caso do deputado. Em determinadas circunstâncias, sem dúvida, a cooperação momentânea é possível entre as diversas frações da Câmara: assim os liberais de todos os matizes podem unir-se com os católicos para a obtenção das *liberdades necessárias*; como na questão romana, os católicos com o terceiro partido para a preservação do poder temporal do Papa. - Mas em que esse acordo na votação, resultante do acordo no pensamento, é contrário à lealdade mais escrupulosa?

Essa cooperação na defesa de uma idéia comum não tem nenhuma relação com a liga parlamentar de 1838 - e isso é impossível.

O antigo deputado, produto em si de uma coalizão de eleitores, e de eleitores privilegiados, candidato pessoal, independente (os papéis são invertidos: aqui os deputados são independentes, lá são os eleitores), era livre para se tornar o instrumento de uma ambição; o novo deputado, nomeado por um partido e pelo sufrágio universal, não é dono de si. Uma questão política ou religiosa sendo colocada - qualquer que fosse o apoio do ministro, e que um escrutínio hostil a levasse à retirada - ele vota de acordo com os requisitos da cédula eleitoral, de acordo com seu mandato imperativo; ele vota sobre a questão, e não sobre o ministro.

Evidentemente, a rejeição de uma proposta ministerial é sempre fracasso para o ministério, mas os termos não são mais os mesmos: é um princípio que triunfa sobre um outro princípio, é a maioria da Câmara que dá outra direção à política, é o país que, não aprovando o que o ministro tenha feito ou se propõe a fazer, nomeia outro funcionário mais hábil, ou entende-o melhor; este é, em suma, o mais precioso recurso do governo parlamentar - ele *detém* a situação.

(1) Guizot, *Memórias para servir à história de meu tempo.*

XVIII

Os partidos não têm, até agora, uma significação muito fechada; inflados além da medida, engrossados de ameaças ou de ilusões para uns, vazios para outros, eles têm, para todos, o mal de se furtar a uma consideração séria. De acordo com os céticos, a oposição tem a missão triste e inútil de contradizer tudo, enquanto os oficiais têm a dura missão de a tudo aprovar. De acordo com os crédulos, a oposição é capaz de realizar imediatamente - e por decreto - os sonhos nascidos no reino da Utopia: é a idade de ouro, é a paz universal com sua cornucópia de abundância; é o abraço dos irmãos inimigos, *o teu e o meu*; é a extinção do pauperismo... Certamente essas imputações são falsas, essas esperanças são quiméricas; apenas, de quem é a culpa, se elas são tão generalizadas? Daqueles que compreendem mal ou daqueles que se explicam pela metade?

O que é o partido católico? O que ele quer? O que são o terceiro partido, a esquerda e os radicais? O que eles querem? Sem dúvida, não se ignoram suas tendências; explicam-se suas evoluções; mas deste crepúsculo até o grande e belo sol que eu quero e que virá, há uma distância. Não é suficiente apoiar-se sobre alguns princípios gerais que todos aceitam e que todos - infelizmente! - interpretam; não é suficiente dizer: Nós somos o partido do direito, ou o partido parlamentar, ou o partido da soberania nacional; porque eu tenho alguma dificuldade de ver os três partidos, porque eu posso soldar uma à outra essas expressões sobre as quais eles se afirmam, misturá-las, prendê-las em uma fórmula única: a soberania nacional é a lei expressa pelo governo parlamentar.

Estes afirmações cortantes, tomadas isoladamente, não cortam nada do todo. - O direito! É, para o partido que o invoca mais especificamente, a sucessão ao trono reservado ao herdeiro legítimo; é também, para um outro partido, a faculdade que as pessoas têm de colocar no mesmo trono quem bem lhe aprouver. - O direito! É soberania temporal, é a independência espiritual do Papa; é também a soberania e a independência dos romanos. - O governo parlamentar! É a direção dos negócios confiados à assembleia dos representantes da nação, assembleia resultante do sufrágio universal ou do sufrágio restrito, tendo acima dela um imperador ou um rei, ou um presidente; ao lado dela o Senado ou a Câmara dos Lordes, ou não tendo nada, nem acima nem ao lado. - A soberania nacional! Ela vai do governo parlamentar, com o qual ela se confunde, até os clubes permanentes e armados!

Os grandes princípios encerram tudo o que se quer lá colocar, e é o que se quer lá colocar que convém detalhar.

Se os partidos dessem a lista das reformas, das leis em si que para eles pareçam úteis, necessárias; se eles as resumissem em um programa amplo o suficiente para conter as dissidências individuais, preciso o suficiente para que ninguém entendesse mal o objetivo do monitoramento, os partidos, iluminados por um novo dia, causariam menos pavor e seriam julgados de forma mais justa.

O candidato, em lugar de se apresentar aos eleitores como o campeão das liberdades civis, da moralidade pública, como o defensor da família, da religião, da propriedade; em vez de alinhar palavras que soam ocas, bastaria apresentar um programa, à frente do qual figuraria a questão urgente, a questão do momento, aquela que dá um caráter especial a cada eleição.

Os países livres, que eu entendo como aqueles que sabem cuidar de seus próprios negócios, mesmo mantendo todas as suas divisões políticas, não procedem de outra forma. Para citar alguns exemplos recentes, os americanos - *democratas* e *republicanos* - levaram longo tempo para objetivar, e solucionar, a questão da escravidão; e os ingleses - *Tories* e *Whigs* - um pouco para a Reforma Eleitoral e um pouco para a abolição da Igreja oficial da Irlanda, também chegaram à solução.

Pois, na França - para um grande partido ao menos, - a *liberdade eleitoral* não é a questão principal, a questão do momento? As reformas que esse mesmo partido reivindica não são, em sua maior parte, suficientemente estudadas, apropriadas (reservemos aquelas que são discutidas)? Enfim, a aprovação ou a rejeição de um tal programa pela maioria dos eleitores não nos livrará das incertezas da situação?

O caminho do progresso é cheio de desvios e surpresas; ele nos devolve às vezes ao ponto de partida. Eu pensei em me aproximar das cidades livres do futuro, e eis que acabo de me referir a Atenas e Roma ante a era cristã!

É que o voto direto da lei é a forma democrática por excelência; é a forma natural.

Eis Atenas! dizemos: "Os cidadãos são educados no dever tanto de orador, como de ouvinte, e cada homem, sentindo que exerce sua quota de influência na decisão, identifica sua própria segurança e sua própria felicidade com o voto da maioria e familiariza-se com a noção de uma autoridade soberana, à qual não pode nem deve resistir" (1).

A lei proposta é discutida artigo por artigo; cada cidadão intervindo no debate, seja por um discurso, seja por uma palavra, seja por um gesto, seja de outra forma. - Aplausos, gritos, vaias; - todos os espectadores são atores. Assegurada a sessão, aprova-se, critica-se, delibera-se, conclui-se.

Mas aquilo que era fácil em Atenas, em pequenas repúblicas, não o é num grande país como a França: a frequência inevitável destas assembleias exigirá deslocamentos contínuos, e a Praça da Concórdia, no lugar da Ágora, dificilmente conterá e reunirá os dez milhões de eleitores espalhados por um vasto território.

Eis Roma! O *plebiscito* - decisão tomada pela plebe, ao menos na origem - desempenha um papel imenso: o Fórum está cheio de cidadãos ardentes; os oradores se sucedem sem interrupção - não sem serem interrompidos - na tribuna das arengas. Esta encenação, embelezada pela imaginação, estes fogosos tribunos, esta soberania do cidadão, visível e eficaz, têm uma atração irresistível para a democracia francesa.

Eu não tenho nenhuma intenção - longe disso! - de apresentar as instituições gregas e romanas como bons modelos a imitar: as decisões improvisadas deixam uma parte muito grande ao imprevisto, aos subterfúgios, às mentiras, ao arroubo; a história das assembleias populares é muitas vezes resultado de escamoteamentos. Os prodígios da habilidade não provam a visão daqueles que se deixam tomar, e os prodígios da eloquência nem sempre trazem o triunfo da justiça. - Eu sou pelo voto refletido e não pelo voto entusiasta.

O plebiscito hoje, é verdade, tem andadura mais tranquila. A caneta silenciosa substituiu a língua; a publicidade substituiu o barulho. A questão posta está entregue à meditação por parte do país... Mas esta questão, quem a coloca? quem a redige? - Aquele que tem interesse em resolver por afirmativa.

A alternativa é apenas aparente; a população, consultada, tem apenas a faculdade de aceitar o que lhe é proposto.

Qual será a proposta - A escolha de um rei? A forma de governo? Essas coisas são designadas com antecedência. - O *sim* é fácil; o *não* não é uma solução: é o desconhecido, a anarquia, a guerra civil. - É o mesmo para uma constituição, a construção de uma peça, é pegar ou largar: o *sim* é sempre fácil para aqueles que a acham perfeita; mas este *sim* é demasiado absoluto para um certo número de cidadãos, e o *não* não permite que outros indiquem o que terão querido. - *Sim*, menos este artigo ou esses artigos; *não*, eu prefiro este ou aquele.

A proposição prejulga a questão.

E, no entanto, o regime plebiscitário é racional: votar pelas coisas é infinitamente melhor que votar pelas pessoas.

É a reconciliação entre os dois princípios: o voto pelas coisas e o voto pelas pessoas, o regime plebiscitário e a delegação, que meu sistema espera realizar. Sua aplicação desenvolverá esse duplo caráter; os partidos se desimpedirão mais e mais da névoa que os envolve, e os deputados ganharão em consideração: votar-se-á livremente em alguém, claramente em alguma coisa.

Embora as designações *terceiro partido*, *esquerda*, *radicais*, etc., entendidas e aceitas, permitam aos eleitores classificar e se manifestar, se não seus pontos de vista sobre as questões pendentes, pelo menos sua tendências; embora a constituição atual dos partidos seja suficiente para o funcionamento de meu sistema; embora com esses partidos, entrando no Parlamento em número proporcional, uma vez que estão no país, o Parlamento representa fiel e completamente a maioria e as minorias, - eu penso que é bom insistir sobre as vantagens do programa político, que eu proponho apenas como uma melhoria, como um complemento desejável, como uma maneira de dar à opinião uma direção saudável e prática.

Será alegada a dificuldade de redigir um programa? a

confusão de princípios? a inconsistência dos partidos? a ignorância do público? a incompetência do sufrágio universal?

Esta acusação, em parte verdadeira, em parte falsa, é a mesma que se ergueu contra todos os povos em todas as épocas. Não valemos menos, talvez valhamos um pouco mais; *talvez* é a única concessão que eu aceito. - Quê! Seríamos incapazes de escolher, de preferir uma lei a outra! Ante uma proposição, entre o *sim* e o *não*, nós ficaríamos perplexos - como o asno de Buridan! - Não saberemos fazer no século XIX aquilo que faziam os atenienses no tempo de Péricles, aquilo que faziam os romanos no tempo dos Gracos!

Empregamos o processo infalível para dissipar os fantasmas: aproximamo-nos do espantalho até tocá-lo com a mão, até rir de nosso medo. - Será que o eleitor, por exemplo, não tem opinião sobre a questão das candidaturas oficiais? Será que o direito de reunião não tem seus defensores e seus adversários? A responsabilidade dos funcionários, a gratuidade do ensino, a nomeação dos prefeitos pelas câmaras municipais, são coisas tão vagas que excedem o nível médio do sufrágio universal?

Eu passo sem me deter diante da objeção, e, para tornar minha proposição mais marcante, eu vou redigir de autoridade dois programas; eles não serão completos, e eu não garanto a inteira exatidão. Esses dois pontos são sem objeto para o uso que eu quero fazer.

PROGRAMAS POLÍTICOS

CENTRO-ESQUERDA	ESQUERDA
GOVERNO PARLAMENTAR	REPRESENTAÇÃO DO PAÍS PELO PAÍS
CENTRALIZAÇÃO	DESCENTRALIZAÇÃO
--------------	-----------------
QUESTÃO PRINCIPAL	**QUESTÃO PRINCIPAL**
Supressão das candidaturas oficiais	LIBERDADE ELEITORAL Supressão das candidaturas oficiais. Livre organização das comissões. Direito de reunião sem restrição. Voto na capital do departamento. Delimitação das circunscrições pelo Legislativo.

-------------------- REFORMAS A OBTER Nomeação dos prefeitos pelo poder público mas escolhidos pelas câmaras municipais. Delimitação das comissões eleitorais pelos conselhos gerais.	REFORMAS A OBTER Nomeação dos prefeitos pelas câmaras municipais. Delito de imprensa denunciado ao júri. Ensino público gratuito. Direito das crianças à instrução. Responsabilidade dos funcionários. Liberdade de ensino. Liberdade religiosa. Separação Igreja-Estado. Reformas sociais deixadas à iniciativa dos cidadãos pela liberdade completa de associações.
(?) (?) (?) (?)	Etc., etc.

Suponhamos exatos esses programas - os *brancos* também têm seu significado. Se minha cédula porta a designação *centro-esquerda*, eu me declaro quase satisfeito com o regime imperial; eu cobro mais atenção do governo para a supressão das candidaturas oficiais, a delimitação das circunscrições. Se minha cédula porta a designação *esquerda*, eu, obviamente, demando, antes de tudo, a mais ampla liberdade eleitoral e, além disso, uma profunda reforma de nossas instituições: responsabilidade dos funcionários, separação de Igreja e Estado, etc...

Assim, votar em seu partido é votar em um programa político, por certas reformas, por um conjunto de leis; - o veredicto eleitoral é a nova forma do plebiscito: é o plebiscito da maioria dos eleitores, anotado, alterado, contido pelas minorias; é a soberania nacional em sua manifestação mais racional.

Com essa extensão, o novo voto - voto duplo, um aplicado a um programa político, o outro a um candidato - será transformado em *voto plebiscitário*.

(1) G. Grote

XIX

O conhecimento exato do estado da opinião pública é, para o governo que sabe se inspirar, a condição primeira, se não a única, de sua duração. Não se trata aqui da questão dos povos livres, ou que tenham sido, ou que querem ser.

É uma verdade fácil de demonstrar aos leitores, mas que ficará por longo tempo consignada nas portas dos palácios reais.

Os soberanos, os estadistas e os ministros estão íntima e seriamente persuadidos de que uma nação deve viver e pensar de uma determinada maneira - a maneira que lhes convém. - Eles próprios são os sábios em meio aos sábios: da retidão de seu julgamento à infalibilidade, não existe distância.

Qualquer iniciativa é devida a eles; eles concedem as liberdades, em certa medida, e, em justa medida, eles conhecem nosso apetite irrefletido, desordenado, e eles nos põem no regime, - regime imperial. Eles sabem com que leite devem nos alimentar. - Eles têm seu teste! - Pois eles pensam naturalmente em poder fortificar o poder; eles tomam algumas garantias: primeiro esta, depois aquela, depois essa outra ainda; eles fazem parte da nação, e eles fazem a parte deles.

Com as coisas assim arranjadas, eles não duvidam da satisfação geral; assim toda queixa um pouco ruidosa, toda crítica um pouco viva, toma a proporção de um atentado, e o atentado é vigorosamente perseguido; porque eles são a justiça apoiada na força, porque a representação legal está lá, a administração está lá, o exército está lá!

Vem, no entanto, um dia em que a representação não sabe o que ela representa, em que a administração é perturbada, em que o exército hesita, e então... então a revolução triunfante, sem saber, ela também, nem o que quer nem o que pode, introduz violentamente no país um novo regime, que tem duração apenas efêmera.

Se os soberanos pudessem, das alturas onde se encontram, perceber as profundas transformações da sociedade; se soubessem como são recebidas as palavras que eles se dignam a pronunciar, como se pesam suas razões e como se lhes acham frívolas, como a população, irônica e desconfiada, trata-os de igual para igual, talvez se decidissem a estar mais perto da multidão, a se misturar, adotando as idéias e os costumes de seu tempo.

O chefe do Estado, em lugar de ser o *chefe*, a *cabeça*, isto é, aquele que comanda, isto é, aquele que pensa por todos, tornar-se-ia, por uma acepção mais reduzida da palavra, o primeiro, o *principal*, o que não seria uma honra medíocre. Não representando mais a majestade divina, mas a maioria do país, deslocando-se como ela, seguindo para frente e para trás, ele conformaria sua existência mais tranquila às exigências de uma nova situação.

Tem sido dito, eu sei, e sem recuar ante a expressão, que um príncipe assim, privado de toda iniciativa, de todo poder, não será outra coisa... *que não um porco na engorda*! Eu não sou desta opinião; mas, retornando à proposição, demando que, desprovido igualmente de todo poder e de toda iniciativa, ele possa ser um do povo!

Se o mesmo fato provoca a mesma comparação, se esse papel bestial é, inevitavelmente, o quinhão de um ou de outro, é perigoso, parece-me, apresentar a alternativa e demandar nossa preferência!

Felizmente, isso não é uma piada; o príncipe que sinceramente consultar o país, que estudar conscientemente como traduzir de fato sua vontade legalmente expressa, à falta do título de grande homem, merecerá o de grande cidadão - o que é melhor.

Eu preciso salientar que a qualificação de *príncipe*, empregada sem intenção, não encerra, em meu pensamento, nenhum privilégio, nenhuma graça de Estado? - Longe disso! - Sou pleno de deferência ante o presidente dos Estados Unidos, Abraham Lincoln, filho de um pioneiro; sou pleno de desconfiança ante um grande homem cujo nascimento foi saudado por vinte e um tiros de canhão. - Uma pergunta indiscreta vaga em meus lábios: se ele não era um príncipe, o que ele era?

Mais confortável após esta explicação, repito: com o chefe de Estado - lenhador ou príncipe - executando fielmente as medidas aprovadas por uma assembleia nacional, redução matemática do eleitorado, a tranquilidade pública faz-se assegurada; as revoltas perderão o pretexto, as revoluções não terão objeto.

Uma revolução! - Por quê? Em benefício da maioria? Mas ela governa. - De uma minoria? Mas como poderá ela se consumar?

Em benefício do *chefe*, há pouco menos que um *golpe de Estado*; é questão de a Assembleia torná-lo impossível; é questão de o país não o sofrer. E, mesmo, por que essa hipótese? Em caso de dúvida sobre o estado dos espíritos, quando cada partido, irritado, acredita que representa a grande maioria da nação; quando não se pode verificar, nessa noite propícia se concebe o golpe de Estado, o salvador! - Mas à luz do dia, e contra a vontade expressa dessa mesma nação, quem ousará tentar?

Em 1848, pela própria declaração dos republicanos, a república foi uma violência feita à França, e até mesmo Paris, que a proclamou, antes a aceitou que a desejou.

São conhecidas as consequências daquela surpresa: durante seis meses uma república inquieta, amedrontada, a confusão nos espíritos, o tumulto nas ruas; durante três anos, uma república nominal, os monarquistas mestres em todos os lugares, dominando todos os lugares e disputando publicamente a sucessão do regime que desmoronava.

Essa reação era legítima; compreendamo-la entretanto. A França teve erradamente - é minha opinião - de rejeitar as instituições republicanas. Ela já havia tentado a monarquia acomodada a diversas dinastias; ela havia tentado a ditadura, da legitimidade e da quase legitimidade: que risco ela correria por tentar a lógica? Mas, distraída, irritada, especialmente por ter sido consultada sobre um fato consumado, negando sua adesão, em sua cólera cega ela sentia um prazer singular em quebrar e demolir o que foi construído sem ela ou apesar dela. Ora, embora ela estivesse errada, como estava a França, era seu direito estar em erro.

Em lugar de deputados nomeados pelos eleitores censitários, suponhamos, ao menos em fevereiro de 1848, uma Câmara eleita pelo sufrágio universal, meu sistema funcionando (eu admito, embora improvável então, os eventos que levaram à revolução e a revolução em si); suponhamos esta assembleia, representação fiel do país, dando a prova manifesta, pela enumeração dos partidos, que a *extrema esquerda* é, na realidade, apenas uma minoria insignificante: teria sido possível - mesmo aos parisienses - instalar a república? O pensamento não lhes teria vindo.

Façamos a suposição contrária: a composição da Câmara - pela Câmara eu sempre entendo o país - estabelecendo a preponderância incontestável da esquerda republicana - e a revolução tornada legítima, saudável; - a república teria sido legalmente proclamada e verdadeira e definitivamente aceita.

A conclusão é, portanto, esta: nenhuma revolução, entendimento perfeito entre o governo e o país, ou seja, o governo do país pelo país - a estabilidade e a segurança;

Ou, colocando as coisas na pior das hipóteses, revolução fácil, legítima, com um propósito definido e o consentimento da maioria, isto é, uma revolução livremente desejada e trazendo os frutos esperados, isto é, novamente - a estabilidade e a segurança.

XX

Terminei.

A exposição de meu sistema, precedida e seguida de discussões e comentários, está completa; eu não tenho mais nada a acrescentar... senão que grande parte dessas discussões e desses comentários foi inútil: eu poderia ter dispensado a repetição de verdades banais e a explicação em pormenor do que tínhamos entendido a partir da primeira palavra.

Escusa dada - boa ou má - e aceita pelo que vale a pena, tendo feito a parte do fogo (é o caso de dizer!), resta apenas concluir.

O programa está cumprido? O problema foi resolvido?

Suprimindo a forma interrogativa, a resposta, parece-me, está contida na pergunta.

O problema está resolvido, e a solução veio *naturalmente* de novas garantias que mantêm.para toda manifestação política um duplo caráter de liberdade e sinceridade.

Recordo-as:

1. A impossibilidade das coligações;
2. A abolição da ditadura das comissões;
3. A liberdade completa do eleitor.

Essa reforma modificará profundamente nossos hábitos e nossas práticas eleitorais.

Nós teremos acabado com esse argumento vitorioso empregado por todos os partidos, de que a opinião pública está com eles: no lugar dessas populações imaginárias que o orador finge ver e mostra um gesto ousado a seus adversários, ele terá diante de si a realidade, por vezes irónica, ou seja, o quadro da contagem dos votos; no lugar de uma miragem que ele pode embelezar, uma adição que ele pode verificar.

Compreenderemos enfim o que dizem esses ruídos, confundidos até agora e que são chamados votos, porque esses votos articulam as palavras; - serão contados, serão ouvidos.

As minorias serão, de fato, as minorias; impotentes, não desencorajadas, elas apelarão ao futuro. Mas o presente será conquistado pela maioria, e a maioria, satisfeita por uma preponderância legítima e fora de discussão, fará em justa medida às minorias, relegadas ao segundo e ao terceiro planos, as concessões que a situação comportará; em uma *justa medida*, pois o sistema exposto é um instrumento cuja exatidão não poderá ser contestada.

"Se a Câmara fosse aberta a todos, em igualdade de condições, as minorias, sempre ambiciosas de se produzir, seriam juntadas a um regime em que o direito estaria garantido. Mas o que pode fazer, nesta ou naquela província, um democrata, um liberal, um trabalhador? O que importa para ele seu voto, que ele sabe de antemão inútil? O que faz para ele uma Câmara em que sua opinião está necessariamente excluída? Façamos com que cada voto tenha um valor igual, *que cada eleitor esteja sobre o que seu voto pesará na balança*, que o mesmo número de votos faça um deputado em toda a França, e teremos certeza de que as eleições serão ao mesmo tempo mais seguidas e menos ardentes, e que *as decisões do escrutínio serão aceitas com mais confiança e respeito por todas as opiniões.*"

Embora as linhas citadas pareçam um resultado natural das considerações já emitidas, embora elas as complementem, eu humildemente admito que elas não pertencem a mim. Eu pedi-as emprestadas ao Sr. Edouard Laboulaye, cuja autoridade nessa matéria vem fortemente em minha ajuda. O que eu estava para dizer, o Sr. Edouard Laboulaye já tinha dito, e dito bem. Eu tenho aproveitado; sob um parecer que eu considero bom, eu tive de colocar um nome desconhecido - eu legalizei minha assinatura.

POST SCRIPTUM
21 de agosto de 1869

Durante a impressão deste volume, os eventos se sucederam com tal rapidez que, se tivesse sido minha intenção preparar uma obra de polêmica ou de combate, argumentos e projéteis não teriam produzido nenhum efeito: tendo o adversário transformado seus meios de defesa.

Nós temos assistido a um espetáculo que críamos adiado indefinidamente - o coroamento do edifício! - Este trabalho delicado não tem podido executar-se sem danos à Constituição. - Ele estava para a Constituição, ao que parece, como o ovo de Colombo: não se poderia fazê-la ficar em pé sem quebrá-la um pouco. Que importa? Ei-la bem assentada, como se diz.

Este trabalho de consolidação, no entanto; interessa-me muito pouco: uma Constituição, mesmo perfectível, tem importância apenas relativa; ela vale tanto quanto o país que a aceita, tanto quanto seus representantes, que a interpretam; além disso, um bom sistema eleitoral é, para mim, mais precioso que uma boa Constituição.

Eu, aqui pelo menos, não tenho de apreciar as novas reformas. Como elas são produzidas? Como eles se relacionam à manifestação eleitoral? Aí está a única questão a examinar, e, nesta ordem de ideia, a história desses três últimos meses é curiosa e instrutiva.

No dia seguinte à votação, em 26 de maio, o Ministro do Interior enviou aos senhores Prefeitos o seguinte telegrama:

"O resultado da eleição é conhecido em 280 das 292 circunscrições eleitorais. O número de deputados nomeados nas circunscrições onde o governo apoiou candidatos e naquelas em onde ele observou a neutralidade elevou-se a 196. Há empate em 58 circunscrições.

"Os deputados pertencentes à oposição, reeleitos ou eleitos pela primeira vez, são em número de 26."

Aí está, pois, a maioria conservadora - uma maioria esmagadora - reconstituída! Encontramos aí os veteranos da grande armada, as boas e sólidas tropas que seguiram o governo para o

México, que não se diminuíram a partir de uma segunda expedição *ao interior*. - Frente a isso, a minoria, um punhado, composto por voluntários da... liberdade, mal equipados, sem uniformes, indisciplinados; mas cheios de ardor, de ímpeto, de esperanças, ousados até a imprudência, bravos até a temeridade. Em um acampamento flutua a bandeira nacional, mostrando as águias; na outra, a mesma bandeira, somente desenrolada até um terço, e dando a um novo Lamartine a oportunidade de pronunciar um novo discurso.

O terceiro partido desapareceu. - A reação e a revolução estão presentes!

O segundo turno do escrutínio, como esperado, reforça a oposição em trinta membros; a situação dos beligerantes, ao que parece, quase não se modifica.

O discurso do campo de Chalons, a carta ao barão de Mackau, o grande colar ao barão J. David, indicam as preferências do governo. As hostilidades começarão; a França, atenta, animada, inquieta, - espera!

Os deputados são convocados para a verificação dos poderes... eles chegam. - Repentinamente, a cena muda! - O véu que escondia o segredo da eleição tomba, não se sabe como... e descobre-se -empregando, para efeito de surpresa, uma expressão fora de moda - que *a França é de centro-esquerda*!

Essa revelação se impõe a todo o mundo de uma vez: os radicais se retiram, em silêncio, para o topo da montanha; a grande armada, imóvel, irresoluta, assolada por divisões intestinas, vê, aterrada, surgindo no céu político a estrela brilhante do terceiro partido.

Impulsionado pela onda sempre ascendente de opinião, posta à frente do governo como de um oponente, o terceiro partido, muito decidido a demandar concessões - e a necessidade de fazer - redige, não sem dificuldade, uma interpelação àquela que vem juntar-se aos trânsfugas da maioria.

O próprio imperador, perdido primeiro nos planos da reação, encontra ao acaso seu caminho de Damasco: a voz divina o exalta, ele envia sua mensagem... e prorroga o mandato da Câmara.

A cena muda de novo... No intervalo do recolhimento que separa o decreto de prorrogação da apresentação do *senatus consultum* ao Senado, o significado da eleição é ainda mais do que nunca disputado. O partido católico, examinando as profissões de fé dos deputados, declara que a maioria é adquirida por ele. A esquerda verifica, ela também, o registro eleitoral: feitas as contas, o país está com ela! Então ela tenta condensar suas queixas em um protesto único e harmônico, e, sem sucesso, ela publica trinta delas em tons diferentes. O terceiro partido, surpreendido em sua própria audácia e reconhecendo que foi um pouco longe, recorda, no entanto, com um legítimo orgulho sua interpelação eficaz, as 116 assinaturas dadas e as cinco ou seis recusadas. Quanto ao partido oficial, recuperado do susto, rindo às bandeiras despregadas, e por isso mesmo mostrando os dentes, provou sua força pela nomeação dos membros da mesa.

No último quadro - o último conhecido - a cortina se eleva no Senado.

O Presidente (Sr. Rouher), em uma alocução temperada, anuncia: "as modificações que *parecem* ter sido preparadas por um feliz acordo entre o governo e o Legislativo..."

"Parecem" seria uma pérola se o discurso fosse um estojo de joias!

Mais constitucional, o Ministro da Justiça e dos Cultos (Sr Duvergier) acrescenta, apresentando o projeto do *senatus consultum*, que o Imperador *crê oportuno propor* essas reformas.

Segue-se a leitura do projeto: a responsabilidade dos ministros, o direito de interpelação, o direito de emendas, iniciativa das leis, veto do Senado, etc., etc.

Aí está, pois, a interpretação definitiva da manifestação eleitoral! O que sabemos? Quem nos dá garantia exata? Como é que o governo veio até aqui? Quais partes ignoradas, quais relatórios secretos, quais documentos ele consultou?

Ele cedeu a ameaça da interpelação? Medo pueril! - O grupo do terceiro partido, habilmente lançado, rolando na encosta dos ministérios, tinha crescido rapidamente como uma bola de neve; mas, como a neve, ele estava destinado a derreter rapidamente - um pouco de resistência, e ele se deteve; um raio de sol, e ele se foi!

O quê! O escrutínio deu a maioria - uma grande maioria! - às candidaturas oficiais, à equipe do governo - e o *senatus consultum* aumenta os poderes do Legislativo! Ele reconhece, assim, que os candidatos oficiais não representam a opinião pública!

E o Senado - o Senado, deuses imortais! -sancionará essa interpretação!

Então os prefeitos não têm tido a mão feliz! Seus candidatos, confusos, desorientados, encaram reformas que eles nunca desejaram nem previram, e que, no entanto, aceitarão. Situação dolorosa, que traz à memória uma fórmula da economia política: eles deixarão fazer, o governo os tem deixado passar!

Situação dolorosa, repetimos, pois "as modificações introduzidas nas constituições do império" (alocução do Sr. Rouher) referem-se apenas à relação entre os grandes órgãos do Estado, não tocando em suas prerrogativas. Estas são as ferramentas sofisticadas, nada de mais, confiadas a nossos deputados; e, quando se considera a tarefa que se lhes incumbe: leis de imprensa, leis sobre reuniões, etc., não é sem preocupação; espera-se pouco desses trabalhadores de última hora, que sua vocação natural certamente não designa para esse trabalho. Veremos isso bem - se não forem dispensados.

Sem me retardar na discussão do valor dessas modificações ou de sua generosidade, eu repito minha pergunta: - Como elas respondem às exigências da opinião pública?

A opinião! onde pegá-la, onde capturá-la, onde encontrá-la? A lista de queixas tem sido apresentada por escrito na língua eleitoral - língua cheia de equívoco e de dificuldades; - o Imperador, conformando-se com o espírito da Constituição para se manter na realização das reformas que tornam necessária a aparência da iniciativa - o Imperador tem traduzido soberanamente e dado *motu proprio* às garantias parlamentares encerradas no *senatus consultum*.

Como essa tradução tem sido recebida?

Tudo está salvo! O país tem o que pediu, - disse o terceiro partido.

Tudo está comprometido! O país não pediu nada, - disse a antiga maioria.

Tudo está perdido! o país pediu outra coisa, - gritou a esquerda.

Que conclusões tirar dessas afirmações contraditórias, dessas pretensões diversas, dessa eleição solene que significa ora reação, ora revolução, ora o progresso pacífico? Que conclusões tirar desse tumulto, dessa confusão, desse caos, senão um sistema eleitoral que, pronto para tais confusões, é essencialmente vicioso?

O *duplo voto simultâneo*, aquele que eu proponho, a aplicação racional do *auto-governo*, poderá apenas, nas circunstâncias atuais, sem convocação especial, por força das circunstâncias, nomear uma verdadeira assembleia constituinte, e, antes de qualquer reunião, antes da abertura da sessão, desde o dia seguinte à votação, a classificação dos deputados, operação fácil, infalível, terá feito o programa completo, preciso, indiscutível, das reformas demandadas pelo país!

NOTA DO TRADUTOR

Distrital. Nos tempos modernos, vários homens políticos apresentaram propostas de melhoria da escolha de representantes. Um deles, não citado nominalmente por Borély, foi o Deputado Condorcet, antes de sair em fuga, em 1793, após ter sua prisão decretada pelo grupo de Robespierre. Ele propôs na França um novo sistema de votação, de um único turno, visando à correção do antigo sistema de voto distrital majoritário. No velho sistema, o eleitor escolhe um entre os vários candidatos apresentados e o candidato que obtém maior número de votos na circunscrição sagra-se vencedor. Esse sistema de eleição é barato e regionalizado - não elege celebridades, - mas encerra um grande problema, reconhecido por todos: ele exclui as minorias, na prática, pois o eleitor tende a optar entre o candidato que representa o partido da situação e aquele que tem melhores chances de representar as oposições. É um sistema que, no funcionamento, tem tudo de bipartidário, embora permita a existência de muitos partidos.

Método. O chamado *Método de Condorcet* procura abrir espaço para mais candidatos e, portanto, mais partidos. Em lugar de marcar apenas um nome, o eleitor indica suas preferências. Ele não marca um "X", mas escreve um número: 1, para primeira preferência; 2, para segunda preferência, e assim por diante. Por exemplo, se há quatro candidatos, [ ] André, [ ] Carlos, [ ] Miguel e [ ] Pedro, representando quatro partidos, o eleitor escreve: [3] André, [2] Carlos, [1] Miguel e [4] Pedro. Somando o voto de todos os eleitores, os juízes eleitorais dão a vitória ao que alcançar número menor, que é a representação da maior preferência. Se há empate, algum critério decidido previamente é aplicado, de modo a não haver impasse.

Quociente. O sistema proposto por Condorcet melhora um pouco o modelo antigo, mas não representa ruptura frente a ele. E é pouco prático quando há número grande de candidatos na circunscrição. Antes desse método, em 1780, o duque de Richmond propôs ao parlamento britânico um sistema em que o número total de eleitores do país seria dividido pelas 558 cadeiras da Câmara dos Comuns, para que se obtivesse o número de eleitores a eleger cada representante. O projeto foi rejeitado, mas a ideia do quociente eleitoral ficou registrada. Assim é que no livro "O Governo Representativo" (*Representative Government*), de 1861, John Stuart Mill apresenta seu apelo pela proporcionalidade da representação eleitoral. Em 1869, Jules Borély, professor belga radicado em Paris, escreve o presente livro, em que apresenta a fórmula matemática que responde a essa demanda, e o trabalho é publicado em 1870 (1).

Condições. Para que funcione de fato a proporcionalidade, uma exigência fundamental é lançada por Borély sobre o sistema político: todo cidadão precisa ser alfabetizado. O motivo disso é que o voto deve ser obrigatório para todos os maiores "de 21 anos". Não é algo que tenha sido ignorado na aplicação da proposta. O que está ainda sob desprezo, até a presente data, é a componente do *duplo voto simultâneo*. Por ele, o eleitor vota primeiro no partido, sendo assim obrigatório o *voto de legenda*, que formará a proporção das cadeiras, e na sequência é que vem o voto no candidato, ou nos candidatos, mesmo que de partidos diferentes (2). Não é necessário um segundo turno, pois os candidatos mais votados em cada partido vão sendo alocados nas cadeiras que o partido obteve, observando-se o voto de legenda dado pelo eleitor.

Cabresto. O exagerado poder das comissões eleitorais no sistema distrital, denunciado por Borély, mostra sua força ainda hoje nos países que ainda não implantaram o voto proporcional. No início de 2016, o Presidente Barack Obama defendeu o voto obrigatório, após ser informado de que em certas comunidades dos EUA o título eleitoral é negado a pessoas que não pareçam favoráveis aos mandatários locais, exatamente como ocorria na América Latina nos tempos do coronelismo e do "voto de cabresto".

Nominal. Em 1875 foi publicado em Paris, em espanhol, o livro "La Democracia Práctica", do magistrado e deputado Luís Vicente Varela, argentino nascido no Uruguai, onde seu pai, Florencio Varela, esteve exilado. Neste livro de 504 páginas, dedicado "aos parlamentos das repúblicas americanas", disponível hoje na Internet, o autor estuda todos os sistemas eleitorais dos países importantes da época e resenha em profundidade a obra de Borély. Entre outros pontos, discorda do voto dado em vários candidatos e questiona a afirmação de que no modelo apresentado não há "votos perdidos". Também rejeita a proporção pelo voto de legenda, e não pelo nome do candidato, argumentando que nem todo eleitor é partidário, e essa crítica continua sendo respeitada, o que leva ao "Efeito Tiririca" (3).

Correntes. Além de ter tornado acessível ao público de línguas ibéricas a obra de Borély, Varela dá ao modelo uma contribuição muito valiosa, que é a proposta dos *sublemas*. Borély não podia prever que seu método traria o problema contrário ao do número restrito dos partidos representados, de um ou dois: no modelo proporcional a tendência é a da pulverização, o que, para a governabilidade, pode constituir-se em algo danoso. Assim, sabe-se hoje, a aplicação do sistema de representação proporcional exige medidas fortes contra a participação de partidos nanicos. Ao juiz ou ao legislador que temer o risco do monopartidarismo, Varela traz como resposta a adoção dos sublemas. Suponhamos que restem no país apenas um ou dois partidos. Então eles são divididos, oficialmente, em duas ou três correntes, cada um, para efeito de disputa proporcional. José Marti publicou no México um comentário muito favorável ao livro de Varela. Seu país, Cuba, que no início do século XXI funciona sob partido único, pode tranquilamente abraçar a proposta de Varela, dividindo o partido oficial em dois ou, preferencialmente, três sublemas, para enfim implantar no país o voto proporcional (não se pode confundir isto com o sistema de sub-legenda de eleições majoritárias, que o regime de 1964 adotou no Brasil).

Barreira. O número máximo de partidos que Borély leva em consideração é sete - ele não enxergava a possibilidade de número maior, - sendo absolutamente proibidas as coligações. Desses sete, um era de centro, tendo do lado esquerdo os partidos de esquerda, centro-esquerda e extrema-esquerda, com os antípodas conservadores à direita. Ora, existe a centro-esquerda e a centro-direita, mas não há, na prática, o centro. Os parlamentos em geral são divididos ao meio por um corredor, ficando metade das cadeiras à esquerda e outra metade à direita. Assim, podemos imaginar que o número ideal de legendas é seis. Mas esse número ainda é grande, considerando-se que partidos de extrema-esquerda e de extrema-direita são antidemocráticos - como a experiência já demonstrou, - devendo seus representantes ser diluídos nos partidos civilizados. O número desejado de correntes representadas deve ser, portanto, quatro: esquerda, centro-esquerda, centro-direita e direita. Em termos de cores, podemos pensar em vermelho, amarelo, verde e azul. Entretanto, se supomos que o limite deve ser seis, o que passa dessa quantidade tem grande chance de ser facção de extremistas ou rebanho liderado por oportunistas.

Destaques. Vendo com olhos atuais, o sistema proposto chama a atenção por pelo menos cinco itens: a) a proporção na Câmara é pelo voto de legenda, com *voto duplo simultâneo*, na legenda e no candidato; b) o voto *obrigatório* é intrínseco à ideia de voto proporcional; c) o modelo exige a *proibição das coligações*; d) todos os cidadãos têm de ser *alfabetizados*; e) número de partidos maior que *sete* não se cogita.

Amadurecimento. Embora Borély imaginasse que sua fórmula, com todas as justificativas embutidas, fosse de fácil e imediata assimilação, tal não se verificou, pois a França, país ao qual o estudo é dedicado em primeiro lugar, só veio a adotar o voto proporcional em março de 1986 - 116 anos depois da publicação do livro, - sob a presidência de François Mitterrand (4). As contas, de fato, são fáceis de entender; difícil é aceitar as vantagens do modelo.

(1) Um pequeno livro de 2011, publicado na Internet, analisa a influência de Stuart Mill na França nesse período ("The Reception of John Stuart Mill in France", Vincent. Guillin and Djamel Souafa).

(2) De qualquer modo, o Uruguai adota este modelo desde 1910.

(3) O parlamentar Tiririca (Francisco Everardo), humorista de TV, obteve mais de um milhão de votos, arrastando consigo vários candidatos de minguada votação. Um meio de amenizar esse tipo de problema é fazer o eleitor votar sempre em dois candidatos - não em vários, como queria Borély, nem em um só, como advogou Varela.

(4) Mitterrand instalou o voto proporcional e em pouco tempo a França voltou ao sistema distrital de dois turnos, do século XIX.

Cacildo Marques - tradutor

cacildomarques@gmail.com
@cacildo

www.ingramcontent.com/pod-product-compliance
Lightning Source LLC
Chambersburg PA
CBHW071219280526
45787CB00002B/735